梅本堯夫・大山 正 監修　**9**　コンパクト新心理学ライブラリ

児童の心理

パーソナリティ発達と不適応行動

森下正康 著

サイエンス社

監修のことば

　心理学をこれから学ぼうという人の中には，おうおうにして先入観をもっている人が多い。それは，たいていマスコミで取り上げられることの多いカウンセリングや深層心理の問題である。心理学といえば，それだけを扱うものであるという誤解が生まれやすいのは，それらの内容が青年期の悩みに，すぐに答えてくれるように思われるからであろう。それらの臨床心理の問題も，もちろん，心理学の中で重要な問題領域であるが，心を研究する科学としての心理学が扱う問題は，もちろんそれだけではない。

　人間は環境の中で生きていくために，環境の事物をよく見たり，聞いたりしなければならないし，欲望を満足させるために行動しなければならないし，行動して得た貴重な経験は生かされなければならない。心は，考えたり，喜んだり，泣いたり，喧嘩したり，恋愛をしたりという，人間のあらゆる活動で働いている。大人の心だけではなく，子どもの心も知らなければならない。人はそれぞれ違った性格をもっているし，社会の中で生きていくためには人間関係がどのようになっているかも知らなければならない。

　心理学は実に豊富な内容をもっていて，簡単にこれだけが心理学であるというわけにはいかない。『吾輩は猫である』という作品一つで，夏目漱石とは，こういう作家であるといえないようなものである。夏目漱石を知ろうと思えば，漱石全集を読む必要がある。

　それと同じように心理学とはなにかということを理解するためには，知覚心理学も発達心理学も性格心理学も社会心理学も臨床心理学も，およそのところを把握する必要がある。

　われわれがさきに監修した「新心理学ライブラリ」は，さいわい世間で好意的に受け入れられ，多くの大学で教科書として採用していただいた。しかし近年，ますます大学で学ばなければならない科目は増加しており，心理学のみにあまり長い時間をかける余裕はなくなってきた。そこで，今回刊行する，心理学の各領域のエッセンスをコンパクトにまとめた「コンパクト新心理学ライブラリ」は現代の多忙な大学生にとって最適のシリーズであると信じる。

　　　　　　　　　　　　　　　　　　　　監修者　梅本堯夫
　　　　　　　　　　　　　　　　　　　　　　　　大山　正

はじめに

　本書は，主として児童期（小学生）の子どもに焦点を当てながら，幼児期—児童期—青年期への発達を扱っている。子どもの発達は，大きく認知領域（知覚・知能・記憶・言葉・思考・学習など）とパーソナリティ領域（性格・感情・人間関係・社会性・不適応など）の問題に分けることができる。この2つの領域は完全に分離できるものではないが，本書はパーソナリティ領域の発達に焦点を当てている。

　また，本書の読者としては，大学で幼児・児童の発達やパーソナリティ（人格）について学んでいる学生，小学校や幼稚園・保育園の先生方，そして幼児や児童をもつ保護者の方を念頭に置いている。

　内容は三部構成になっている。序論である0章では発達に関する基本的な考え方について解説している。

　Ⅰ部では，現代の子どもの実態について調査を行った結果を報告する。筆者が長年お世話になった和歌山大学時代に，和歌山県の青少年問題協議会専門委員として携わってきた調査の報告書の一部を引用させていただいている。このような調査報告書は，一般の人の目にふれる機会は少ないが，多くの児童生徒やその保護者の協力による貴重なデータからなっている。この機会にそのデータの一部を読者の皆さんにご紹介する。そのことを通して，現代の小学生の家庭や学校における日常生活の実態，ものの見方や考え方の特徴を浮き彫りにしたい。

　Ⅱ部は，パーソナリティの発達に焦点を当てている。扱っているテーマは，性格の形成をはじめ，自己・自我や自己制御の発達，

思いやりの発達，道徳性の発達，そして攻撃行動の出現と抑制の問題である。

Ⅲ部は，学校や家庭における子どもたちの不適応行動（問題行動）を扱っている。まず，不適応行動についてストレスやストレス反応，フラストレーションとの関連を探る。続いて，不登校，いじめ，学級崩壊，虐待という具体的な問題を扱い，その実態と発生のメカニズム，そして対処方法や予防方法に言及している。最後に，そのような問題に直面している児童生徒，保護者，担任の先生等への支援（ソーシャル・サポート）について，その意義と限界について吟味している。

今日，発達障害や特別支援教育についての理解は，子どもの保育や教育にかかわる人たちにとって重要な事項となっている。しかし，紙幅の都合と筆者の力量不足から，このテーマは本書では扱っていない。

本書は，これまで大学や大学院における「発達心理学」や「教育臨床心理学」「発達相談研究」といった科目の講義や，卒業論文・修士論文の指導のなかで学生と共に学んだこと，先述の青少年問題協議会専門委員会やいじめ不登校問題等対策協議会における議論，保護者との電話相談のなかで学んだことを基盤にして成り立っている。

本書の執筆に取り組んでから長い年月がたってしまった。その間，いろいろなことがあり，多くの方々からご支援をいただいた。特に，サイエンス社の清水匡太さんにたいへんご迷惑をおかけしてしまった。また，石山雅文さんには丁寧に原稿をチェックしていただき貴重なご意見をいただいた。

執筆の機会を与えてくださった故・梅本堯夫先生，大山　正先

生をはじめ，これまでお世話になった多くの方々に心から感謝申し上げたい。

2010年　春

森下　正康

目 次

はじめに……………………………………………………………… i

0章 序論：発達研究の課題と方法　　1

児童・児童期の意味………………………………………… 2
発達の概念…………………………………………………… 3
発達研究の課題……………………………………………… 4
発達研究の方法……………………………………………… 6
子どもの発達と環境との関連……………………………… 8
本書の特徴…………………………………………………… 10
◆ 参 考 図 書 ……………………………………………… 11

I部 小学生の生活実態とものの考え方　　13

1章 家庭生活　　15

家庭生活への満足度，悩み………………………………… 16
日常生活のサイクル（睡眠・食事）……………………… 18
親の養育態度………………………………………………… 22
親子間の会話・話題………………………………………… 26
◆ 参 考 図 書 ……………………………………………… 28

2章 日常生活の実態　　29

仲間関係……………………………………………………… 30
休日の過ごし方……………………………………………… 32
悩みや心身の健康…………………………………………… 34
地域への参加………………………………………………… 36

将来の夢 ……………………………………………… 38
　　　◆ 参考図書 ……………………………………………… 40

3章　小学生のものの考え方　　43

　　　非行に関する考え方 …………………………………… 44
　　　道徳意識の変容 ………………………………………… 46
　　　非行の実際 ……………………………………………… 48
　　　攻　撃　性 ……………………………………………… 52
　　　◆ 参考図書 ……………………………………………… 54

II部　パーソナリティの発達　　57

4章　性格の形成　　59

　　　遺伝と環境 ……………………………………………… 60
　　　気　　質 ………………………………………………… 60
　　　性 格 特 性 ……………………………………………… 62
　　　家庭環境と性格の形成 ………………………………… 64
　　　アタッチメント理論 …………………………………… 70
　　　モデリング理論 ………………………………………… 72
　　　◆ 参考図書 ……………………………………………… 81

5章　自己の発達　　83

　　　自我と自己 ……………………………………………… 84
　　　自己評価（自尊感情） ………………………………… 86
　　　自己制御機能 …………………………………………… 96
　　　◆ 参考図書 …………………………………………… 112

6章　思いやりの形成　　113

思いやりと思いやり行動………………………………… 114
思いやり行動の発達……………………………………… 114
共感性と思いやり行動…………………………………… 116
思いやり行動の動機……………………………………… 120
親の態度と思いやり行動………………………………… 122
思いやり行動のモデリング……………………………… 126
◆ 参 考 図 書 ………………………………………… 130

7章　道徳性の発達　　131

慣習と道徳性……………………………………………… 132
道徳的判断の発達………………………………………… 134
道徳性と文化……………………………………………… 136
◆ 参 考 図 書 ………………………………………… 140

8章　攻撃行動　　141

児童の攻撃性の特徴……………………………………… 142
フラストレーションと攻撃行動………………………… 142
攻撃行動のモデリング…………………………………… 146
親子関係と攻撃行動……………………………………… 150
◆ 参 考 図 書 ………………………………………… 154

Ⅲ部 不適応行動の理解と対応・予防　155

9章　ストレスと不適応行動　157

ストレスとストレス反応………………………………158
ストレスとフラストレーション………………………160
学校におけるストレッサー……………………………160
ストレッサーと不適応行動……………………………164
アセスメントの問題……………………………………166
◆ 参 考 図 書 ……………………………………………169

10章　不 登 校　171

不登校の定義と類型……………………………………172
不登校の実態……………………………………………172
不登校のきっかけと原因………………………………174
不登校児の親の思い……………………………………178
不登校への対応と予防…………………………………180
◆ 参 考 図 書 ……………………………………………184

11章　い じ め　185

今日のいじめの実態……………………………………186
いじめの理由・原因……………………………………194
いじめとクラスの構造…………………………………196
いじめと担任教師の役割………………………………198
いじめへの対応…………………………………………200
いじめの予防……………………………………………202
ネットいじめの現状と対策……………………………208
◆ 参 考 図 書 ……………………………………………212

12章　学級崩壊　　213

- 学級崩壊の意味と状況……………………………… 214
- 学級崩壊増加の原因と背景………………………… 216
- 学級崩壊への対応…………………………………… 222
- ◆ 参考図書 …………………………………………… 228

13章　児童虐待　　229

- 虐待についての理解………………………………… 230
- 虐待された子どもの特徴…………………………… 230
- 虐待された子どものトラウマ……………………… 232
- 虐待する親の特徴…………………………………… 238
- 児童虐待への対応…………………………………… 240
- ◆ 参考図書 …………………………………………… 242

14章　ソーシャル・サポート　　245

- ソーシャル・サポートの内容……………………… 246
- ソーシャル・サポートの効果……………………… 250
- ストレスとソーシャル・サポート………………… 252
- ◆ 参考図書 …………………………………………… 258

引用文献……………………………………………………… 259
人名索引……………………………………………………… 270
事項索引……………………………………………………… 272
著者紹介……………………………………………………… 276

序論：発達研究の課題と方法

本書は，児童の生活の実態，パーソナリティの発達，不適応問題について主に扱う。対象は主として児童期の子ども（小学生）であるが，児童期を中心に，幼児期から児童期へ，児童期から青年期へと発達という視点から子どもを理解することを目的としている。

まず，総論として，「児童」あるいは「児童期」とは何を意味するかについて考える。また，最近，「発達」や「生涯発達」に大きな関心が寄せられ，「発達」という概念をめぐっていろいろな考え方があるので，それらを整理する。そして，発達研究において重要な2つの課題について説明しながら，本書で扱う領域を絞る。

さらに，発達を研究する方法にはどのようなものがあり，どのような特徴があるかについて簡単に説明する。特に，異なる研究法によって違った結果が得られること，そのようにして得られたデータの解釈に十分注意しなければならないことについてふれる。子どもの特徴や子どもの発達を理解する基本的な視点について，子どもと環境との相互作用というテーマを通じて考える。

最後に本書の特徴を説明する。

児童・児童期の意味

　心理学では，誕生して成人にいたるまでの間を，乳児期，幼児期，児童期，青年期と区分している。したがって，児童期というのは幼児期から青年期に移行する間の期間で，一般に小学生の時期をいう。しかし，幼児期がいつ終わるのか，また青年期がいつから始まるのかという点に注目すると，そのとらえ方によって時期はずれる。

　「児童心理学」でいう**児童**はおおむね生まれてから青年に至るまでの時期の子どもを指す。すなわち，そこには広く乳児・幼児・児童（小学生）が含まれている。それに対して大学の「児童学科」は，主として幼稚園教諭や保育士の資格が取れる学科で，教育や研究の焦点は乳児や幼児に当たっていることが多い。このように，児童という言葉は多様な使われ方をしている。

　最近では「児童心理学」というように心理学を時期によって区分するような用語はあまり用いられなくなり，「発達心理学」という言葉が用いられるようになった。また，中年や高齢者に焦点を当てる場合や，人間の生涯にわたる変化の過程を問題にするとき「生涯発達心理学」とよばれる。人間の生涯にわたる変化や移行に焦点を当てた研究の場合は**ライフサイクル研究**とか**ライフコース研究**とよばれている。

　「乳児心理学」「幼児心理学」「青年心理学」といった用語を使う場合は，特に乳児とか幼児，あるいは青年に焦点を当てその時期の子どもの特徴を明らかにするということを強調する場合である。

　以上のように，児童という言葉は，広義には子どもという意味で乳児・幼児・児童（小学生）をさしている。狭義には，一般に

小学生の時期をさして使う。本書においては，この狭義の意味で小学生をさす言葉として「児童」という言葉を用いている。したがって，児童や児童期という言葉は，教育制度との関係が深い言葉となっている。

発達の概念

従来の発達研究は，主として人間の誕生から青年期までを研究対象としてきた。しかし，現代，発達研究は人間の生涯についての変化を研究するという点で多くの研究者の見解はおおむね一致している。そこで，前にふれたように，研究対象を人間の生涯に拡大するという点を強調して生涯発達心理学（life span developmental psychology）ともよばれている。

しかし，発達（development）という概念そのものは，それをめぐってさまざまな考え方がある。表 0-1 はわが国の代表的な研究者の発達に関する定義である。このなかには，生涯にわたる変化の過程を発達とよび，その方向性は問題にしないという考え方も示されている。したがって，この考え方のなかには従来，発達とよばれていたものと老化とか衰退とよばれていたものの双方が含まれている。とはいえ，発達心理学の課題は，人間の生涯にわたる変化の過程を明らかにすることだという点では，多数の研究者は一致しているものの，その変化をすべて発達とよぶかどうかという点では一致していない。

小嶋（1991）は，発達とは，「個体の行動や状態，あるいは構造と機能が，より完全な状態，または，よりよく適応した状態へという方向をとって，時間の経過とともに系列的・組織的に変化するのを，記述し構成する際に適用される概念」であると定義し，

そして，発達は直接に観察できる事象ではなく，人間の変化を体系的にとらえて意味づけるための構成概念だと説明している。この定義は従来の代表的な定義である園原（1980）の発達概念と基本的には一致している（表0-1）。そして，小嶋は発達とは別にエイジング（加齢；aging）という概念を用いている。ここでいうエイジングは，年齢の増加に伴って生じる変化を指しており，価値や方向性を含まず，したがってその変化は諸機能の衰退に限られていない（小嶋・森下，2004）。

　生涯にわたる発達という視点から，発達研究の対象や課題を拡大することは必要であるし，そのような視点から新しい考え方や知識の蓄積を得てきたことは事実である。しかし，人間の生涯にわたる変化の過程を研究課題にするということと，そのような変化をすべて発達とよぶかどうかは別問題である。老化・退化・衰退とみられる現象をも含めて発達とよべば，研究上の著しい混乱が生じるであろうし，あえてそれを発達とよぶ必要はないだろう。筆者も小嶋の概念に賛成である。そして，生涯にわたる人間の発達的側面と衰退的側面の両方を謙虚に見つめたいと考える。ただし，何がより完全な状態なのか，よりよく適応した状態とはどういう状態であるのかという発達の方向性については重要な課題となっている。

🌐 発達研究の課題

　発達研究の課題は，前述したように生涯にわたる変化の過程を明らかにすることであるが，具体的には「発達のコースの研究」と「発達のメカニズムの解明」の2つの課題がある（小嶋，1991）。

表 0-1 発達の定義と考え方 (小嶋, 1991)

▶「結局,発達とは,単なる成長や量的増大ではなく,多くの構造や機能が統合される複雑な過程であることを前提として『完態という目標に向かって進む秩序と一貫性のある一連の前進的な系列』(Hurlock, E. B., 1964)などの定義が穏当なものといえよう。」

(藤永 保(1977).『新・教育心理学辞典』金子書房)

▶「人の,個体としての生命活動は,受胎の瞬間からはじまり,死に至るまでつづく。この時間的経過の中で,生理的,身体的,精神的に,さまざまな変化が生ずる。その変化のうち,偶発的なものや一時的な状態の変化と考えられるものでなく,方向性を持って進行し,ある程度持続的,構造的とみなし得るものを,発達という。」

(東 洋(1982).詫摩武俊・飯島布佐子(編)『発達心理学の展開』新曜社)

▶「一般に行動の発達という概念は,多様な行動の変容を原初的構造から完態的構造へと秩序づけて理解する価値的観点にかかわっている。行動の成長的事実を発達的に理解することは,どのような行動をより原初的,より低次のものとし,どのような変化がより高次の発展的なものとみるかという価値的選択を含んでいるのみならず,代表的行動特性をいかに選択するかということ自体すでに価値的観点から免れうるものではない。」

(園原太郎(1980).園原太郎(編)『認知の発達』培風館)

【解説】
国語の辞書の中で,「発達」に成人の形態(adult form)への到達,またはそれへの接近という意味をもたせ,「発展」を,より高く・より完全に・より豊かに・より複雑になることなどを意味するという区別が見られることがある。前者ではゴールの存在が想定されているのに対して,後者では変化の方向性が強調される。なお現代の中国語では,心理学用語としては「発展」を development に当てている。

発達研究の課題

「発達のコース研究」は，子どもや大人の年齢変化に伴ってそれぞれの時期にどのような特徴を示すか，またそのような特徴の変化はどのような順序で生じるかを明らかにするものである。何に注目してその年齢の代表的な特徴とするか，あるいは生起する順序として何に注目するかについて研究者の視点が入っている。

「発達のメカニズムの解明」は，そのような変化がどのような仕組みによって生じるかを明らかにすることである。メカニズムそのものは目で見ることができないし，直接証明することもできない。したがって，これには仮説や理論が関連してくる。

発達研究の領域を大きく分けるとすれば，認知発達の領域とパーソナリティ発達の領域の2つに分けることができる。認知発達領域は，知覚・学習・知能・思考の発達の側面が含まれている。パーソナリティ発達領域には，社会性・情動・人格の発達側面や適応性の問題が含まれている。

また，児童心理学固有のテーマとして，児童そのものの理解を深めるために，児童の生活実態の特徴を明らかにするという課題がある。本書は，このような児童（小学生）の生活実態の特徴とパーソナリティ領域の発達，そして不適応行動・問題行動に焦点を当てている。

発達研究の方法

発達研究はほかの心理学と同じように，実験法，観察法，調査法，面接法などを用いる。発達研究は年齢の変化とともに人間の特徴がどのように変化していくかを明らかにすること（発達のコース）に特徴がある。これを明らかにする方法として，横断法と縦断法があげられる。横断法というのは，同一時点において異な

る年齢集団からデータを得て，その結果を年齢間で比較検討する方法である。それに対して，縦断法というのは同一の対象や同一の集団を追跡的に研究し，いくつかの異なる時点においてデータを得て，異なる時点間の特徴を比較検討する方法である。縦断法のなかには，異なるいくつかの世代（コホート）を追跡して，比較検討するという高度な方法も含まれる。

横断法と縦断法にはそれぞれに長所と短所があり，たとえば図 0-1（小嶋・森下，2004）のように，方法の違いによって異なる結果がもたらされる可能性がある。本来の発達研究という点からは縦断法のほうが望ましい。

主として発達のメカニズムを解明するためのデータ収集法やデータ分析法に関連して，プロスペクティブ（追跡的：prospective）研究とレトロスペクティブ（遡及的：retrospective）研究がある（小嶋・森下，2004）。

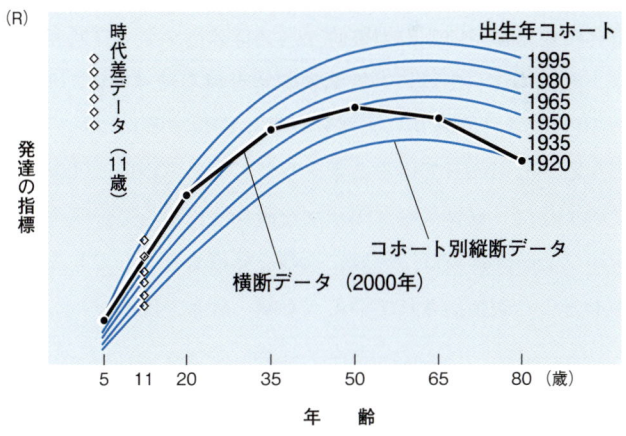

図 0-1　縦断法（系列的），横断法，時代差法（小嶋・森下，2004）

次の例のように，どのような方法で得られたデータであるか，どのような分析によって得られた結果であるかによって，その意味するところは異なってくる。仮に，レトロスペクティブ研究によって，「虐待を受けた子どもの親の約50％が，自分も子ども時代に虐待を受けた経験をもつ」とされたとすると，われわれは「子ども時代に虐待を受けたことがある人は，親になったとき約半数の人が自分の子どもを虐待する」と推論する可能性がある。これは明らかに誤った推論である。実際は，子ども時代に虐待を受けたことがあっても，自分が親になったとき子どもを虐待しない人がたくさんいて，虐待する率はそれより低いはずである。

　また，成人の性同一性障害は非常にまれな疾患であるが，それに比較して小児期の性同一性障害ははるかに多いとされている。性同一性障害と診断された大人は，小さい頃から自分の性に違和感を感じていた，と大半の人が報告するといわれている（レトロスペクティブ研究）。それに対して，幼児期に性同一性障害と診断された症例についての追跡研究（プロスペクティブ研究）によれば，成人に達した後にも性転換願望を持ち続けていた者は2％から10％とされており，大部分の者は成長するにつれて性転換願望を断念していっていると考えられている（山内，2004）。

　このように，プロスペクティブな研究法に対して，レトロスペクティブな研究結果は，一般に過剰な見積もりをしてしまう危険性があることが指摘されている（小嶋・森下，2004）。

子どもの発達と環境との関連

　子どもは環境との相互作用のなかでさまざまなことを学習していく。環境には，子どもが直接関わるものもあれば間接的に関わ

るものもある。また環境には、自然や物理的環境だけでなく、人的環境や文化のように直接目に見えない環境も含まれる。

子どもの発達と環境を理解する場合、ブロンフェンブレンナー（1996）の生態学的環境についての考え方が参考になるだろう。彼の考えは図0-2に示されている。マイクロシステムというのは家庭や学校のように子どもが生活する場、直接に子どもが関わる場を指している。メゾシステムというのは家庭や学校の関係のあり方などのマイクロシステム間の関係で、その関係のあり方の特徴が子どもに影響する。エクソシステムは教育機関、保健行政機関、情報メディアなどのメゾシステムの外で働いている環境条件をさす。そして、それらのシステムの根底にあって大きく影響

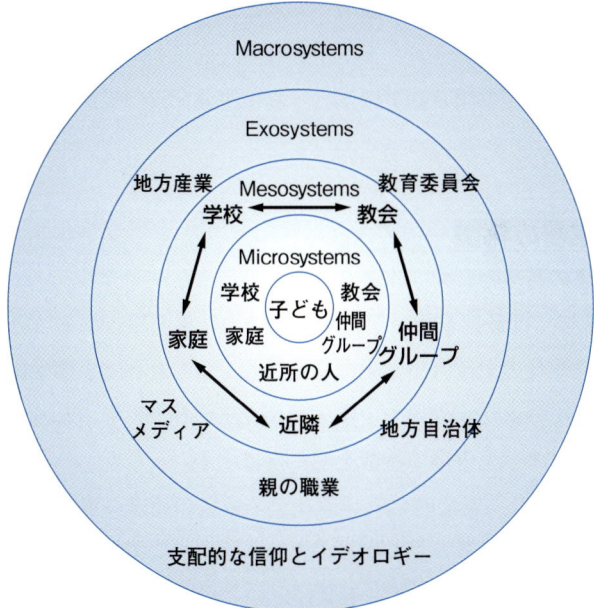

図0-2　ブロンフェンブレンナーの生態学的環境（村田, 1990）

している文化などが**マクロシステム**である。

　このような子どもを取り巻く環境が子どもに影響すると同時に、子どもが環境に働きかけ環境を能動的に変化させていくという視点が、今日重視されている。たとえば、子どもの特徴や働きかけが親や先生の行動や態度を変化させるというのもその一例である。

　子どもの特徴は、もともと気質としての特徴や、LD や ADHD のように中枢神経系の機能の障害と推定されるところからくる認知や行動の特徴を反映している場合がある。そのような特徴をもった子どもが過去から現在に至る環境との相互作用を通じて新しい特徴を形成していくが、そのようなプロセスのなかで現在の子どもの特徴を理解する必要がある。したがって、過去から現在に至る子どもの生態学的な環境への理解が重要となる。

　さらに今後のありようを、子どもの生涯にわたる視野のなかで考えることが要請されている。これは生涯発達の視点ということになる。

本書の特徴

　本書の特徴として、次の3点をあげることができる。

1.　Ⅰ部では最近著者らが行った調査の結果を報告することによって、現代の児童（小学生）の全体像を示したい。小学生に焦点を当てているが、幼児や中学生・高校生の特徴にもふれることによって、より児童期の特徴を明らかにする。

2.　Ⅱ部では、児童のパーソナリティ領域の発達に焦点を当てながら、子どもを取り巻く環境のありようについて探る。

3.　Ⅲ部では、ストレス、不登校、いじめ問題、虐待などの児童の不適応行動や問題行動の実態とその発生過程について理解を深

めながら，ソーシャル・サポートなどその対応や予防について考える。

参考図書

小嶋秀夫・森下正康（2004）．児童心理学への招待［改訂版］──学童期の発達と生活──　サイエンス社

　発達や発達研究について基本的な考え方や方法論を示しながら，主として児童期の子どもに焦点を当て認知機能・社会性・パーソナリティの発達，家庭生活・学校生活を取り上げている。

東　洋・繁多　進・田島信元（1992）．発達心理学ハンドブック　福村出版

　発達心理学に関するテーマについて，年齢別，領域別に幅広く扱った本で，たいていのことはこの一冊で間に合う。

小学生の生活実態とものの考え方

　以下の1〜3章における児童生徒の生活実態に関する調査は，和歌山県青少年問題協議会の下に設けられた専門委員会が中心になって進め，分析された結果である（和歌山県青少年問題協議会専門委員会，2005）。報告書は知事への答申「和歌山県青少年の育成のための基本的考え方」の基本的資料としてまとめられ，関係者や関係部署に配付・公表された。調査対象として多数の児童生徒やその保護者，多数の関係者の協力を得て成立したものである。筆者は専門委員会の副委員長としてこの報告書の作成に携わった。このような貴重な調査結果から現代の児童生徒の特徴を浮き彫りにすることを通して，子どもたちについてより多くの方により深く理解してほしいと考え，調査結果の一部を引用し，解説させていただく次第である。以降，特に断りがない場合，出典はこの資料からである。

　調査の対象者は広く県下全体に居住する小・中・高校生で，小学生は5年生（1,313人），中学生は2年生（1,246人），高校生は2年生（1,253人）であった。回収率は93.4％であった。ここでは主として児童の結果を中心に記述し，児童の特徴をより明確にするために中学生や高校生の結果の一部をも引用する。まずもって調査結果の解釈には，筆者の主観的な理解や考察が入っていることをお断りしておきたい。

家庭生活

　子どもにとって基本的な生活の場は家庭である。子どもたちは自分の家庭に対してどのような思いをもっているのだろうか。家庭を楽しいととらえているのだろうか，家庭生活に悩みがあるのだろうか，あるとすればどのような悩みであろうか。また子どもたちの健康にとって大切な基本的な生活習慣はどのようになっているのだろうか。たとえば，子どもたちは何時に起き，何時に寝ているか，あるいは食事をきちんととっているのだろうか。

　親子関係の特徴は，子どもの性格形成にとってきわめて重要である。父親や母親は子どもに対してどのような態度をとっているのか，親子間の会話はどの程度あるのか，どのようなことを話題にしているのであろうか。子どもたちの日常の関心事についてもふれながら解説する。

　また，これらのことを通して，親子関係のあり方についても考えたい。

🌐 家庭生活への満足度，悩み

「あなたは家庭生活が楽しいですか」という問に対して，小学生は「とても楽しい」と「楽しい」を合わせると78.5%で，その率は学年の上昇とともに低下している。それに対して，「ぜんぜん楽しくない」「楽しくない」とする者は小学生では合わせて3.8%であるが，その率は学年とともに増加している。小学生では約8割の子どもが家庭を楽しいととらえている。

家庭生活が楽しい（満足）理由（図1-1）は，学年によって多少異なるが，小学生では「自分のことを大切にしてくれる」がトップで，ついで「両親の仲がよい」「親子関係がうまくいっている」「兄弟・姉妹の仲がよい」「かまってくれる」となっている。学年とともに理由の率が上昇するのは「自分のやりたいようにさせてくれる」であり，その反対に下降するのは「かまってくれる」であった。このような学年進行に伴う変化はごく自然の流れだろう。

クロス集計の結果，家庭生活が「楽しい」とする者は，学校生活での満足度が高く，心身の不調を訴える者が少なかった。これら三者は密接に関連しているといえよう。

家庭生活が「楽しくない」と回答した小学生があげる理由は，「特にない」が多かったが，「兄弟・姉妹の仲が悪い」が19%，「おこづかいが少ない」「自分のやりたいようにさせてくれない」がそれぞれ15%，19%だった。

また，家庭生活が楽しくないという理由について調べると，「おこづかいが少ない」「自分のやりたいようにさせてくれない」「兄弟・姉妹の仲が悪い」という者が多かった。

家庭生活での「不満・悩み・心配事」の内容は，「親子関係が

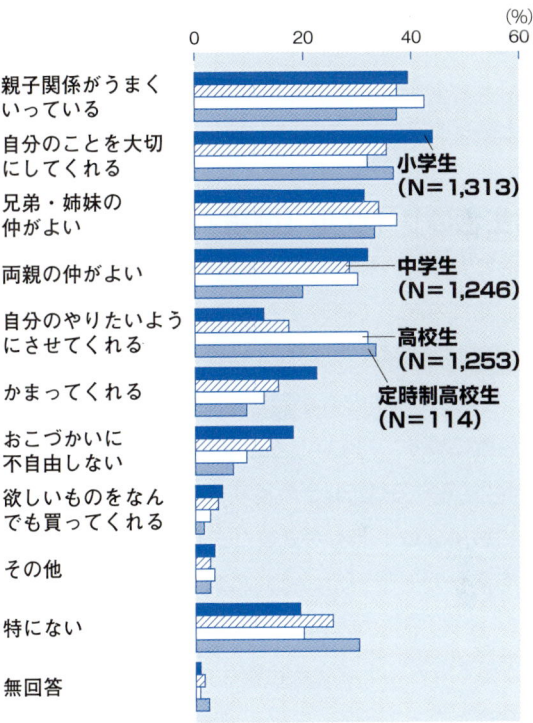

図 1-1 **家庭生活における満足の要因**
(和歌山県青少年問題協議会専門委員会, 2005)
回答は, 該当する項目をすべて選択させた。

うまくいっていない」「両親の仲が悪い，争いごとがある」「きょうだいの仲が悪い，気が合わない」「家庭の会話がない」などであった。したがって，家庭生活の不満の要因は，家族間の人間関係が悪いことにあると考えられる。さらに，家庭生活が楽しくないという子どもは「キレる」ことも多いという結果であった。家族一人ひとりが心のつながりをもっているということに大切な意味があるといえよう。

日常生活のサイクル（睡眠・食事）

　日常生活において，起床時間と就寝時間は基本的なものである。小学生は何時ごろ起きて何時ごろ寝ているのであろうか。

　まず，起床時間については図1-2である。小学生は午前7時ごろまでに約80％の子どもが起きている。中・高校生になるとその率は急激に減り，7時半ごろ起床という者が増えている。

　就寝時間については図1-3の通りである。小学生は午後10時ごろまでに約半分の子どもが就寝し，11時ごろまでには80％程度の子どもが就寝している。それに対して，中学生では約50％の子どもが12時以降に就寝し，高校生では36％の子どもが午前1時以降に寝ている。小学生と比較して中・高校生の就寝時間の遅いのが特徴となっている。

　朝食の摂取についての調査結果は図1-4の通りである。「朝食は食べない」という子どもは，小・中・高校生全体で約5％で，5年前の結果と比較すると約2ポイント上昇していた。詳しくみると，朝食を食べないという子どもの率は，小学生，中学生，高校生と学年の上昇と共に上がっていた。さらに，「朝食は食べない」に「気が向いたときだけ食べている」を合わせると，小学生

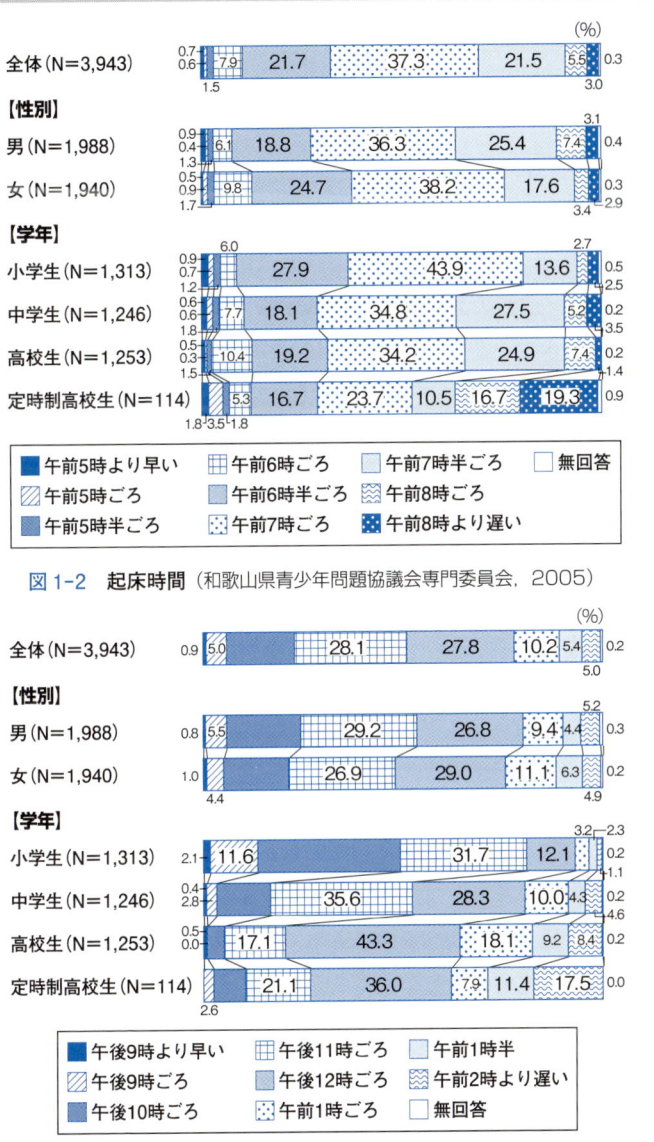

図 1-2 起床時間（和歌山県青少年問題協議会専門委員会，2005）

図 1-3 就寝時間（和歌山県青少年問題協議会専門委員会，2005）

日常生活のサイクル（睡眠・食事）

11%，中学生18%，高校生19%となっていた。以上のように，朝食の欠食状況は改善されていない。

夕食は誰と食べることが多いか質問したところ，お母さん，きょうだい，お父さんと一緒に食べると答えた子どもが多かった。また「おじいさん・おばあさん」という子どもたちも小学生では約20%いる。「夕食を一緒に食べる人がいない」子どもは全体で約7%で，前回より4ポイント低くなっていた。小学生では約2%とごく少ないが，学年が進むほど一人で食べる子どもの率が高くなっており，高校生の場合は10%強であった。一緒に夕食を食べる人として「お母さん」「祖父母」があげられているが，その率は5年前の結果と比べて下降していた。それに対して「家族以外の人」と一緒に食べる率が上昇しており，家族の多様化や生活状況の変化が伺える。

一緒に夕食をとる家族と家庭生活の満足度をクロス集計したところ，「お母さん」「兄弟・姉妹」「お父さん」「おじいさん・おばあさん」のいずれの項目においても，家庭生活を楽しいと感じている子どもの割合が楽しくないと感じている子どもの割合を上回った（図1-5）。一方で，一緒に食べる家族がいない子どもで家庭生活が楽しくないと答えた者の割合は，楽しいと答えた子どもの割合よりも多かった。

また，朝食を「食べない」人は「毎日食べる」人に比べて，**不定愁訴**のすべての項目で高率を示していた。たとえば，朝食を食べない人は，「朝なかなか起きられない」「夜なかなか眠れない」という症状が高率であったが，これらの症状は朝食を食べない原因となっている可能性が高い。また，朝食を食べない人は「すぐにあくびが出る」「イライラしやすい」「体が疲れやすい」「とき

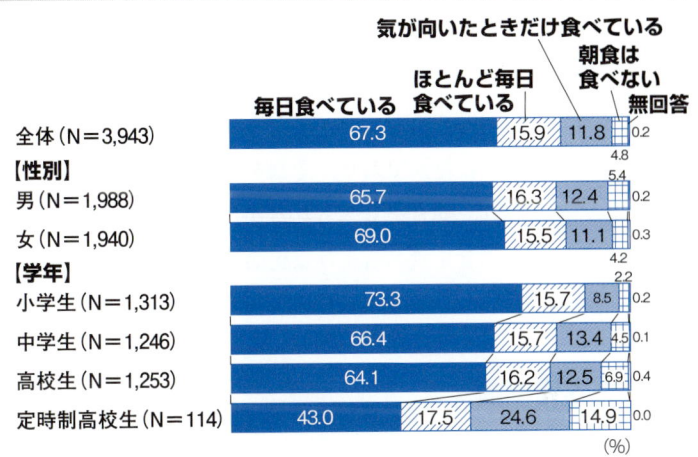

図 1-4 朝食の摂取状況（和歌山県青少年問題協議会専門委員会，2005）

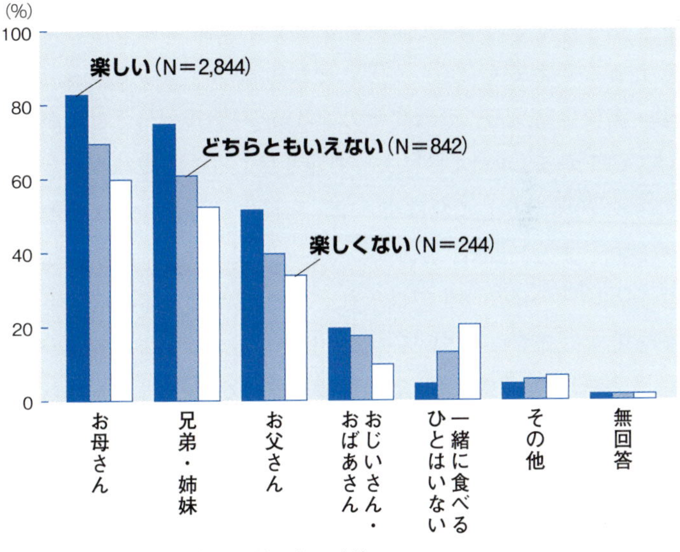

図 1-5 夕食を一緒にとる家族
（和歌山県青少年問題協議会専門委員会，2005）
回答は，該当する家族をすべて選択させた。

日常生活のサイクル（睡眠・食事）

どき鼻がつまる」「目が疲れやすい」「小さなけがをしやすい」などの症状が高率であった。したがって，朝食を食べるか食べないかは単に食習慣の問題ではなくて，子どもの生活全体の問題や心身の健康状態と密接に絡んでおり，それを反映していると考えられる。言い換えれば，朝食を食べられるかどうかが不定愁訴の原因というよりは，朝食を食べるような生活環境の構築が大切だといえる。

🌀 親の養育態度

子どもが親の態度をどのように見ているかについて，調査結果は図1-6，図1-7のようであった。親にもっともよくあてはまる態度を2つ選ぶ質問形式できいたところ，父親について，小学生では「わたしのことをよくわかってくれる」「困ったときはいっしょに考えてくれる」がそれぞれ約40％と高率であったが，中・高校生になるにつれてその率は減少していた。「なにかにつけて口やかましい」「日によって態度がころころ変わる」というのも約20％あり，これは小・中・高校生であまり大きな差がなかった。また，「思った通りにやらせてくれる」「怒ることが多い」というのは小学生ではそれぞれ約13％で，前者は学年の上昇とともに高くなっているのに対して，後者はあまり変化がなかった。そして，「思ったとおりにやらせてくれる」「ほったらかしである」という項目の選択率は，学年が上がるにつれて上昇している。

母親については，父親と同じように「わたしのことをよくわかってくれる」「困ったときはいっしょに考えてくれる」が，小学生でそれぞれ約50％と高い値であった。しかし，学年の上昇と

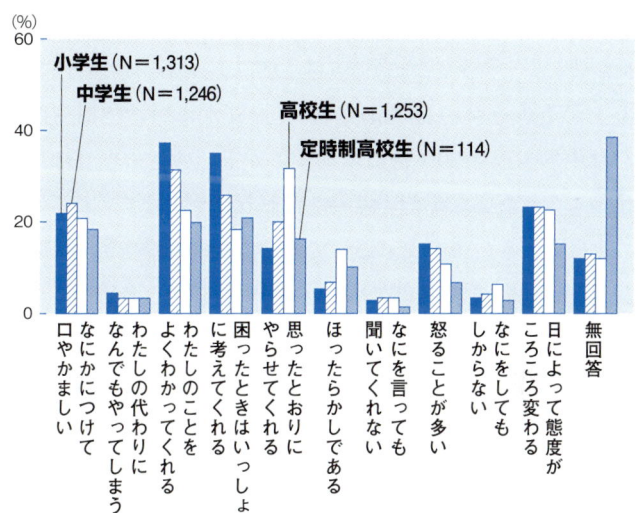

図 1-6　父親のふだんの態度（和歌山県青少年問題協議会専門委員会，2005）
回答は，該当する項目を2つまで選択させた。

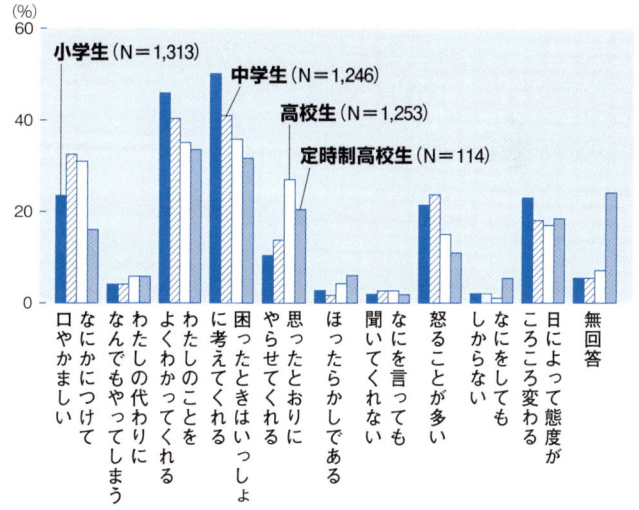

図 1-7　母親のふだんの態度（和歌山県青少年問題協議会専門委員会，2005）
回答は，該当する項目を2つまで選択させた。

親の養育態度

ともにその率は低下していた。小学生について「なにかにつけて口やかましい」「怒ることが多い」「日によって態度がころころ変わる」がそれぞれ約20％あった。「なにかにつけて口やかましい」は中学生以降30％台に増加するが，その他の項目はあまり変化がみられない。また「思ったとおりにやらせてくれる」は学年の上昇とともに率が高くなっていた。

　父親と母親の結果を比較すると，その全体的な特徴や小・中・高校生による変化の特徴は類似していた。対象者全体の結果として，「わたしのことをよくわかってくれる」「困ったときはいっしょに考えてくれる」という受容的，理解的態度の親が多かったといえる。

　小学生について，「わたしのことをよくわかってくれる」「困ったときはいっしょに考えてくれる」などの受容的な態度や，「思ったとおりにやらせてくれる」という自律性尊重の態度は母親のほうが高率である反面，「怒ることが多い」という項目も高率であった。

　中・高校生については，小学生と同じように，受容的，理解的態度は母親のほうが父親よりも高かった。他方，「なにかにつけて口やかましい」「怒ることが多い」という回答も母親のほうが高く，母親のほうが父親よりも一般的に干渉的で統制的傾向が強いというのが特徴であった。

　また親の態度に関連して，家庭生活での悩みの第1位は「親が口うるさい」であり，親と話したくないときの理由としても「うるさい」「わかってもらえない」「すぐ怒る」が多かった。親から注意されることの第1位は「勉強」であり，特に母親からの注意は高率であった。

Topic 日常の関心事

　普段どのようなことに関心があるのだろうか。調査結果は次のようなことを示していた（和歌山県青少年問題協議会専門委員会，2005）。小中高校生全体では，「音楽（55.3％）」「ゲーム（42.6％）」がともに高く，男子の1位は「ゲーム」，女子の1位は「音楽」であった。「地域の行事」「ボランティア」「学校外のサークル活動」などの地域活動への関心，政治や経済などへの社会的関心は10％以下と低かった。5年前の結果との比較では，「スポーツ」「ゲーム」「学校のクラブ活動」は5ポイント以上上昇し，「音楽」「インターネット」「学校の成績」「ナイフ」「政治」「経済・社会的事情」「ボランティア活動」も関心は上昇していた。

　テレビを見る時間について調査の結果，小中学生はだいたい同じ視聴時間で，2時間以下，3時間ぐらい，4時間ぐらい，5時間以上がほぼ4分の1ぐらいずつであった。高校生では視聴時間が短くなり2時間以下が約45％あった。また，よく見る番組は，小学生では，アニメ，ドラマ，バラエティを見る時間が多かった。

　クロス集計の結果，5時間以上テレビを見る者は，「乗り物に酔う」「けがをしやすい」「すぐにあくびが出る」「イライラしやすい」などの心身の健康に関する項目で高率を示していた。

親子間の会話・話題

　親との会話の量や質は、信頼関係をはかる指標となっている。図1-8、図1-9に示すように、父親と「いつも話をする」というのは、小学生では多く男女によってあまり差がない。また中・高校生になるとその率は減少しており、特に高校生男子は40％と低くなっている。母親について、「いつも話をする」という率は、父親に対するよりも非常に高くなっている。特にその傾向は、学年を通じて女子の場合に著しかった。

　話の内容は、小学生について、もっとも多いのは「友だちのこと」「学校での出来事や先生のこと」で、特に母親に対して高い率を示していた。ついで、「勉強や成績のこと」「遊びや趣味のこと」が多かった（p.25 Topic）。中・高校生については「友だちのこと」「学校での出来事や先生のこと」が母親に対してもっとも多かったが、父親に対しては「勉強や成績のこと」「遊びや趣味のこと」と同じ程度であった。特に父親に対しては、「社会の出来事やニュース」の話題が母親よりも多かった。また高校生が小・中学生と異なる点は、「進路や将来のこと」が話題として増加していたことである。

　親と「まったく話をしない」「たまに話をする」を合わせると父親について小学生では男女に共通して15％前後であった。中学生では約23％、高校生では約27％で、男女でほぼ同じ率であった。その率は母親については小学生では男女に差がなく3〜4％程度であった。裏を返すと母親のほうが父親よりも子どもとよく話していた。中学生では男子10％、女子6％、高校生では男子12％、女子4％で、いずれの場合も男子のほうが女子よりも高くなっていた。女子は年齢に関係なく母親と話をしない子どもは少

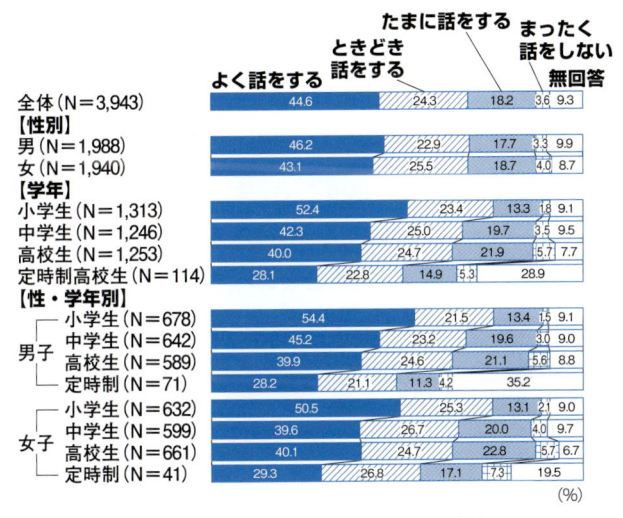

図 1-8 父親との会話の頻度（和歌山県青少年問題協議会専門委員会，2005）

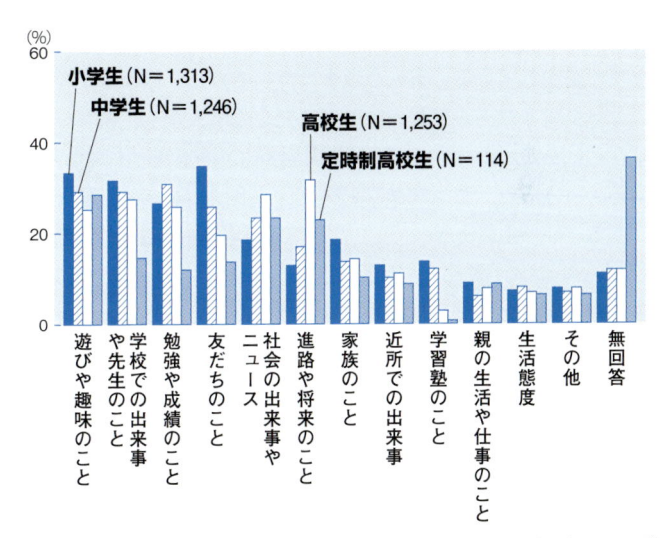

図 1-9 父親との会話の内容（和歌山県青少年問題協議会専門委員会，2005）
回答は，該当する項目を 3 つまで選択させた。

親子間の会話・話題

なかった。

　親と話をしないという理由は，小学生の場合，父母に関してともに「話すことがない」「うるさい」「わかってもらえない」「すぐ怒る」が比較的高い値であった。中・高校生では父母によって異なり，父親についてその理由は「話すことがない」で，母親については「うるさい」がトップであった。

　また，親からよく注意されることの一番多いのは，学年を通じて圧倒的に「勉強」のことであった。注意されることで小学生に多いのは「あいさつや言葉づかい」「テレビゲームをする時間」「物を大切にすること」であった。

🔵🔵🔵 参考図書

柏木惠子（編著）（2010）．よくわかる家族心理学　ミネルヴァ書房
　家族にかかわる具体的な現象が，最新のデータと共にたくさんわかりやすく書かれている。家族心理学についての第一線の研究者や専門家によって書かれ，心理学の勉強や研究を志す人たち，保育，介護，福祉などにかかわる人たち，一般の家族の方々を対象としている。

本間正人（2007）．モンスター・ペアレント──ムチャをねじ込む親たち──　中経出版
　「ムチャを平気で言う人たち」の生態と対処法を紹介している。さまざまな親や患者について具体例を通じて，現代の親たちの特徴の一端を明らかにすると共に，それぞれの場面に出没するモンスターと対峙するための知恵を身につけ，自分自身と組織を守る方法を示唆している。

繁多　進（編）（2009）．子育て支援に活きる心理学──実践のための基礎知識──　新曜社
　子育て支援専門職から保育・教育のプロ，そして親までを対象として書かれた本である。心理学のいろいろな領域から，子育て支援に役に立つような知見を幅広く提供している。

日常生活の実態

　本章では，家庭から離れた子どもたちの日常生活の実態に迫る。まず，子どもには親友とよべる友だちがどのくらいいるのか調査し，友だちに対する信頼関係を探ろうとした。また休日はどのように過ごしているのか，その過ごし方について，子どもたちの希望と現実はどのように食い違っているのか，さらに子どもたちの悩みの内容や心身の健康の問題について調べた結果を報告する。

　また，子どもたちは地域活動への参加について，どのようなことを望んでいるのか，インターネット社会のなかで，子どもたちに対して大人たちは何に注意したらよいか，といったことについても解説する。

　最後に子どもたちの将来の夢について調べた結果について，報告する。子どもたちは，自分の夢がどの程度実現すると考えているのであろうか。

🔵 仲間関係

　日頃，子どもたちはどのように過ごしているのだろうか。子どもの遊び相手に関する調査では，「同じ学年の子ども」というのが小学生では 71.1％，中・高校生ではいずれも約 86％であった。

　また親友である理由や親友に求めているものは何かについて，調査結果は，学年を通じて「気が合う」というのがトップで約 41 ～ 46％であった。また，小学生では，「たよりになる」「おもしろい」が高率であった。

　親友とよべる友だちがいるかどうかという問に「いない」と答えた者は全体として 6％であるが，「わからない」と答えた者が 22％いた。小学生の場合は前者が 5％，後者が 18％であった（図 2-1）。中・高校生になると，両方をあわせると約 30％となり，「親友がいる」と明言できない者が多く，学年が上昇するほどその傾向が強くなっている。

　このことは，学年が上がるにつれて友人との信頼関係の希薄さが強くなることを示している。「親友がいない」「わからない」と回答した者は，「親友がいる」と回答した者よりも学校生活や家庭生活が「楽しくない」という率が高くなっていた。特に児童期以降の青年期のパーソナリティ形成にとって友人関係が重要であるので，友人との安定した信頼関係の形成が，青少年自身の重要な発達課題となっている。したがって，乳幼児期から児童期に至る仲間との遊びや豊かな相互作用をむすぶ経験が，健全な心身の成長や発達の基礎として重要だと考えられる。

	いる	いない	わからない	無回答
全体（N=3,943）	70.5	6.1	22.2	1.2
【性別】				
男（N=1,988）	67.2	6.4	25.2	1.2
女（N=1,940）	74.0	5.7	19.1	1.2
【学年別】				
小学生（N=1,313）	76.6	4.6	17.7	1.1
中学生（N=1,246）	68.8	6.9	23.3	1.0
高校生（N=1,253）	68.1	6.1	24.5	1.3
定時制高校生（N=114）	47.4	11.4	36.8	4.4
【学校生活満足度別】				
楽しい（N=2,583）	77.5	3.4	17.9	1.2
どちらともいえない（N=822）	61.4	8.3	29.2	1.1
楽しくない（N=324）	51.9	17.3	29.9	0.9
よくわからない（N=205）	49.8	12.7	35.6	2.0
【家庭生活満足度別】				
楽しい（N=2,844）	74.3	4.7	20.0	1.0
どちらともいえない（N=842）	61.0	8.4	29.2	1.4
楽しくない（N=244）	60.6	13.9	23.0	2.5

(%)

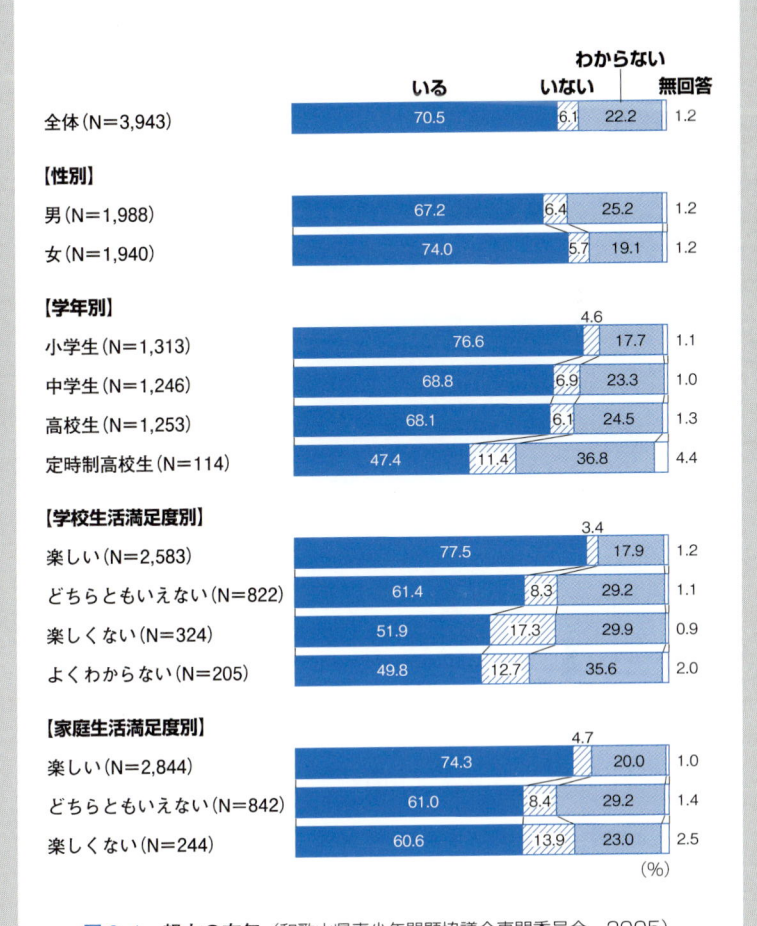

図2-1　親友の有無（和歌山県青少年問題協議会専門委員会，2005）

休日の過ごし方

休日の過ごし方に、子どもの特徴が現れる。

小学生は、休日を一緒に過ごす人は「お母さん」「お父さん」「きょうだい」が圧倒的に多かった。それに対して中・高校生は「学校の友だち」が多かった。

休日にやりたいことについて調査した結果（図 2-2 (1)）、小学生について「ゲームをする」「家族とドライブや旅行に行く」「映画やスポーツを見にいく」「テレビを見る」がそれぞれ約 23～36％と高かった。ついで「買い物をする」「スポーツや運動をする」「マンガや雑誌を読む」であった。学年の上昇とともに著しく高くなるのは「買い物をする」「なにもしないでのんびりする」であり、その反対に著しく低くなるのは「ゲームをする」「家族とドライブや旅行に行く」であった。

一方、休日を実際にどのように過ごしているかについて、調査結果は図 2-2 (2) の通りであった。全学年を通じて「テレビを見る」が圧倒的に多く、次に「マンガや雑誌を読む」であった。このほか小学生では「ゲームをする」「家で勉強をする」「家族とおしゃべりをする」「買い物をする」「家のお手伝いをする」が多かった。「なにもしないでのんびりする」「ラジオや音楽を聴く」は学年とともに増加し、その反対に「ゲームをする」「家で勉強をする」「家のお手伝いをする」「家族とおしゃべりをする」「スポーツや運動をする」は減少していた。

小学生について、希望よりも実際のほうが少ない（希望が実現していない）項目は、「家族とドライブや旅行に行く」「映画やスポーツを見にいく」であった。その反対に、実際のほうが多い項目は「テレビを見る」「マンガや雑誌を読む」「ゲームをする」

図 2-2 休日の過ごし方（和歌山県青少年問題協議会専門委員会，2005）

(1) 希望

【男女別】／【学年別】

- ゲームをする
- テレビを見る
- 買い物をする
- 映画やスポーツを見にいく
- 寝る
- なにもしないでのんびりする
- 家族とドライブや旅行に行く
- マンガや雑誌を読む
- スポーツや運動をする
- カラオケに行く
- ラジオや音楽を聴く
- ゲームセンターに行く
- 家で勉強をする
- 読書をする
- 学校のクラブ活動に行く
- 散歩をする
- 家族とおしゃべりをする
- 家のお手伝いをする
- 学習塾に行く
- ボランティア活動に参加する
- 習い事に行く
- 学校外のサークル活動に参加する
- その他
- 無回答

(2) 実際

【男女別】／【学年別】

- テレビを見る
- ゲームをする
- マンガや雑誌を読む
- 寝る
- 買い物をする
- ラジオや音楽を聴く
- なにもしないでのんびりする
- 学校のクラブ活動に行く
- 家で勉強をする
- 家族とおしゃべりをする
- スポーツや運動をする
- 家のお手伝いをする
- 読書をする
- ゲームセンターに行く
- 学習塾に行く
- 習い事に行く
- カラオケに行く
- 映画やスポーツを見にいく
- 家族とドライブや旅行に行く
- 散歩をする
- 学校外のサークル活動に参加する
- ボランティア活動に参加する
- その他
- 無回答

凡例：
- 全体 (N=3,943)
- 男 (N=1,988)
- 女 (N=1,940)
- 小学生 (N=1,313)
- 中学生 (N=1,246)
- 高校生 (N=1,253)
- 定時制高校生 (N=114)

回答は，該当する項目を3つまで選択させた。

休日の過ごし方　33

「買い物をする」や「家で勉強をする」「家のお手伝いをする」「スポーツや運動をする」であった。

　以上のように，家族とドライブや旅行に行ったり，映画やスポーツを見に行くなどの希望は実現することが少ないということがわかった。実際の休日の過ごし方としてはテレビを見たり，マンガや雑誌を読んだり，テレビゲームをするというような受動的な活動が多かった。能動的な活動としては家で勉強をする，家のお手伝いをする，スポーツや運動をするといった項目が多いのが特徴であった。

悩みや心身の健康

　子どもの悩みを知ることは子どもの理解にとってとても大切なことである。悩みの内容は年齢によって異なり，小学生では「特にない」がもっとも多く，ついで，「進学のこと」「友だちのこと」「お金のこと」「自分の性格のこと」「自分の容姿のこと」が多かった。中・高校生では「進学のこと」が第1位で，ついで「就職のこと」が高くなっていた（図2-3）。

　悩みの相談相手は，小学生では「お母さん」「友だち」「お父さん」の順に多かった。中・高校生では「友だち」「お母さん」の順になり，「お父さん」「きょうだい」が同じ程度であった。高校生では，「お母さん」の次が「仲のよい異性」であった。そのようななかで注目されることは，「誰にも相談しない」という者が小学生で20％弱，中学生で20％強，高校生で16％いたことである。このような小学生の存在について，今後もう少し掘り下げてみる必要があるだろう。

　習い事についての調査結果では，学習塾に行っている子どもは，

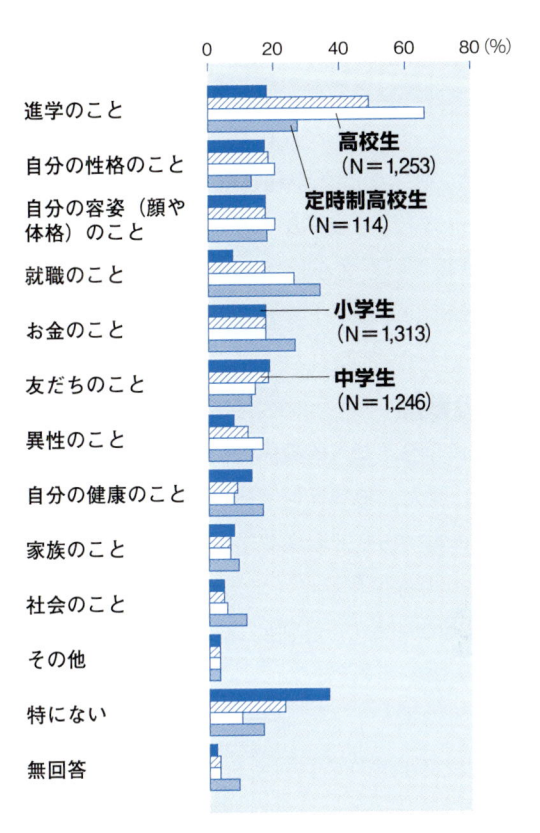

図 2-3　悩み事の内容
(和歌山県青少年問題協議会専門委員会，2005)
回答は，該当する項目を3つまで選択させた。

小学生43％，中学生62％，高校生32％と中学生が多かった。小学生はそのほかに，音楽や習字を習っている子どもが多かった。学習塾に通う頻度は，小学生では週に2〜3回がほとんどで，学年の上昇とともにやや増加傾向にあった。

心身の健康の問題はとても大切である。日常の健康状態に関する調査結果は，子どもたちが疲れているということを示していた。年齢を問わず「朝，なかなか起きられない」「すぐあくびが出る」が約40％と高く，「夜，なかなか眠れない」「ときどき鼻がつまる」「乗り物よいをする」「体が疲れやすい」も25〜35％であった。その傾向は年齢の上昇とともに増加していた。

🌐 地域への参加

地域は，世代を越えた人間関係の経験の場であり，そこで子どもたちは育つ。また，地域は地域社会への帰属意識や責任感などを育てるための場であり，家庭や学校とは異なる機能をもっている。地域活動への参加状況は「地域のお祭り・ぼんおどり」や「道路や公園などのせいそう活動」など，継続性の少ない全員参加的な行事が大半を占めている。

ところが，今後参加したい地域活動について聞いてみると，「お年よりや体の不自由な人に対するボランティア活動」「リサイクル活動」「環境保護活動」などと多様で，学年や性別によって異なっていたが，より継続性の高い活動へ参加したいという希望が多かった（図2-4）。この現実と希望とは一致していない。地域活動やボランティア活動への参加について，このような子どもたちの興味や関心の方向を見極めながら，その意欲を生かせる計画をたてる必要があるだろう。

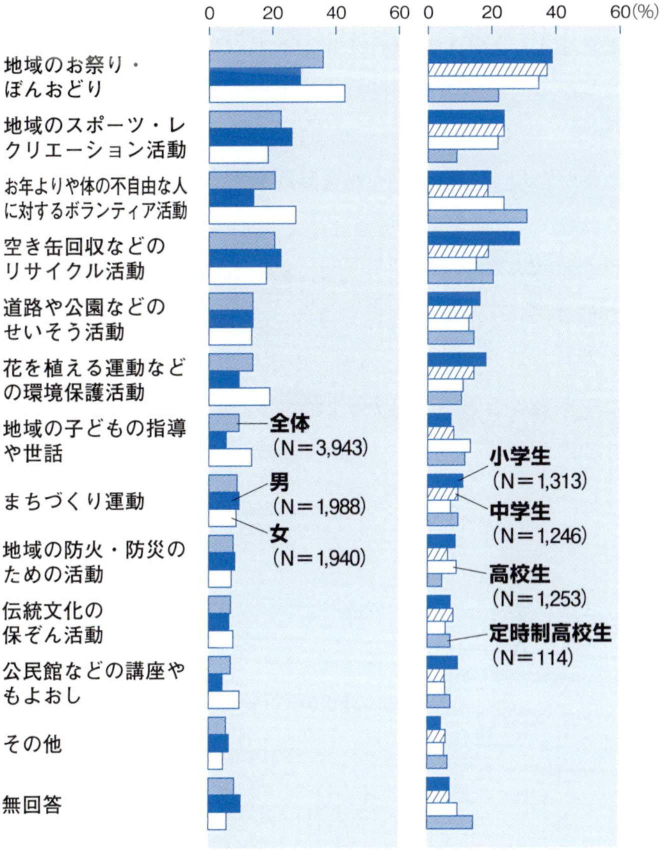
0
20
40
60
0
20
40
60(%)
地域のお祭り・ぼんおどり
地域のスポーツ・レクリエーション活動
お年よりや体の不自由な人に対するボランティア活動
空き缶回収などのリサイクル活動
道路や公園などのせいそう活動
花を植える運動などの環境保護活動
地域の子どもの指導や世話
まちづくり運動
地域の防火・防災のための活動
伝統文化の保ぞん活動
公民館などの講座やもよおし
その他
無回答
全体
(N＝3,943)
男
(N＝1,988)
女
(N＝1,940)
小学生
(N＝1,313)
中学生
(N＝1,246)
高校生
(N＝1,253)
定時制高校生
(N＝114)

図 2-4　今後参加したい地域活動
(和歌山県青少年問題協議会専門委員会，2005)
回答は，該当する項目をすべて選択させた。

将来の夢

　将来就きたい職業についての調査結果（図 2-5）では，男子は「プロスポーツ選手」「建築士・技術者」「公務員」，女子は「看護師・保育士」「歌手・俳優・タレント」「調理師・理容師・美容師」が多かった。そのなかで，小学生の特徴は「プロスポーツ選手」「歌手・俳優・タレント」が多いことであった。

　その夢が実現できるかどうかを問うた結果，男女間であまり大きな差はなく，「必ず実現できる」と「たぶん実現できる」とを合わせると，小学生 44％，中学生 38％，高校生 45％で，中学生でやや低かった。「絶対実現できない」と「たぶん実現できない」を合わせると，小学生 14％，中学生 15％，高校生 10％で高校生でやや低くなっているが，「わからない」という回答がどの学年も多かった。

【男女別】【学年別】　　　　　　　　【男女別】【学年別】

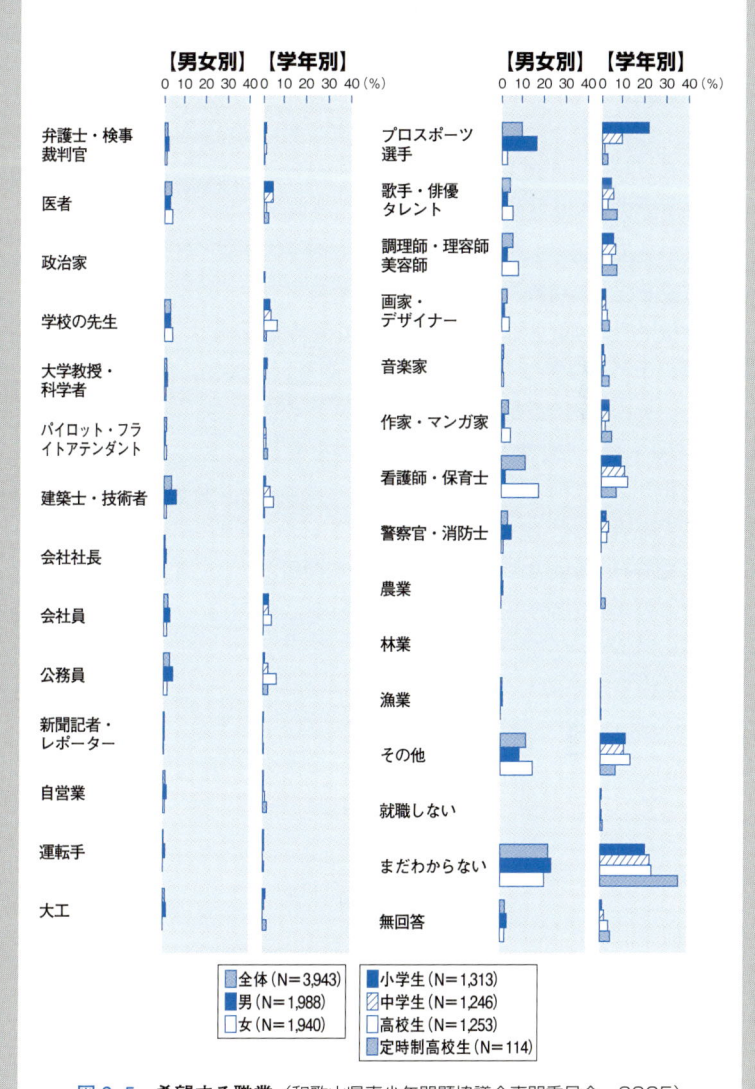

弁護士・検事裁判官		プロスポーツ選手	
医者		歌手・俳優タレント	
政治家		調理師・理容師美容師	
学校の先生		画家・デザイナー	
大学教授・科学者		音楽家	
パイロット・フライトアテンダント		作家・マンガ家	
建築士・技術者		看護師・保育士	
会社社長		警察官・消防士	
会社員		農業	
公務員		林業	
新聞記者・レポーター		漁業	
自営業		その他	
運転手		就職しない	
大工		まだわからない	
		無回答	

凡例：
- □ 全体（N=3,943）
- ■ 男（N=1,988）
- □ 女（N=1,940）
- ■ 小学生（N=1,313）
- ▨ 中学生（N=1,246）
- □ 高校生（N=1,253）
- ■ 定時制高校生（N=114）

図 2-5　**希望する職業**（和歌山県青少年問題協議会専門委員会，2005）

将来の夢

🔵🔵🔵 参考図書

内閣府（編著）(2009). 平成21年度版青少年白書——青少年の現状と施策——　日経印刷

　第1部は，青少年の現状について，具体的には青少年の生育環境，青少年の社会的自立，青少年の安全と問題行動に関して基本的な資料を示している。第2部では青少年に関する国の施策について，年齢期ごとの施策，困難をかかえる青少年等に対する施策，青少年の健やかな成長を支えるための施策等を扱っている。青少年の現状についての全体像や国の施策を知る上での基本的な資料である。

奈良の子ども白書づくり実行委員会（編著）(2009). 知っておきたい！　今の子どものコト　ルック

　3,500人の小中学生を対象とした調査をもとに，子どもたちの姿を浮き彫りにしている。子どもたちが何を考え，何に悩み，何を望んでいるかを明らかにし，子どもたちのストレスと荒れの問題，地域の子どもたちのつながりと居場所，不登校の問題について具体的な事例や，子どものストレスの問題を取り上げている。

Topic インターネット社会

　子どもたちのインターネットの利用経験が70％を超え，5年前の調査結果より大幅に増えた。**インターネット**などの情報通信技術の利用は情報収集のみならず，情報発信や物品購入の手段として子どもたちの日常生活に入り込みつつある。また**携帯電話**（ケータイ）の所有状況は小・中・高校生によって異なるが，全体として50％近くにまで普及している。その所有率は高校生では90％を超えており，今後，通学時の安全問題などから小学生についても増加していくと予想される。このような情報手段の普及が，学校生活をも含めた日常生活のあり方や仲間関係の実際にさまざまな変化をもたらしている。

　インターネットや携帯電話の普及によってもたらされる状況にはプラス面とマイナス面とがある。そのような状況のなかで，それらをどのように使いこなしていくか，子どもたち一人ひとりの能力（**メディアリテラシー**）を育てていくために，カリキュラムの構成や周りの人たちからのサポートシステムを構築していく必要があるだろう。

小学生のものの考え方

　非行問題について，今の子どもたちはどのように考えているのだろうか。小学生から中学生，そして高校生になるにつれて，考え方はどのように変化していくのだろうか。次に，実際の非行の実態はどうであるのか。そのような非行の実際と非行についての考え方との間にはどのような関連があるだろうか。

　このような分析を通じて，またいじめ問題やルールを守ることについてのワークショップの結果を通じて，現代の子どもたちの規範意識の特徴を浮き彫りにしたい。

　続いて，今日話題になっている「キレる」という現象とその原因について分析する。そしてキレる子どもたちの背景に何があるのかについて明らかにしたい。

🌐 非行に関する考え方

非行に関して子どもたちはどのように考えているのだろうか。非行についての見方や考え方は，そのまま非行の実行と同じではないが，状況によっては非行に結びつく可能性がある。次に特徴的な結果を取り上げる（図3-1，図3-2）。

図3-2をみると「たばこをすう」について，小学生は否定する者（「絶対にいけない」「あまりよくない」を合わせた者）は79％，肯定する者（「場合によってはいい」「本人の自由だ」）は5％，「わからない」「無回答」を合わせた者は16％であった。喫煙を肯定する者は比較的少なかったが，中学生では18％，高校生では41％と学年が上がるにつれ著しく増加していた。子どもの喫煙を肯定する保護者は4％で，小学生の肯定率より低かった。

「酒を飲む」についても，肯定派は小学生14％，中学生28％，高校生63％と年齢とともに著しく増加していた。保護者の肯定派は15％で，小学生と同程度であった。

「援助交際をする」については，肯定派は小学生9％，中学生18％，高校生22％であった。保護者の肯定派は0.6％であった。男女について比較すると，学年を通して女子のほうが男子よりも肯定率が少なく，否定率が高くなっている。

「万引きをする」については，肯定派は小学生3％，中学生9％，高校生12％であった。保護者の肯定派は0.2％であった。

「他人の自転車を無断使用する」については，肯定派は小学生5％，中学生10％，高校生17％であった。保護者の肯定派は0.6％であった。

「髪を染める・ピアスをする」については，肯定派は小学生33％，中学生48％，高校生81％と高い値であった。保護者の肯定

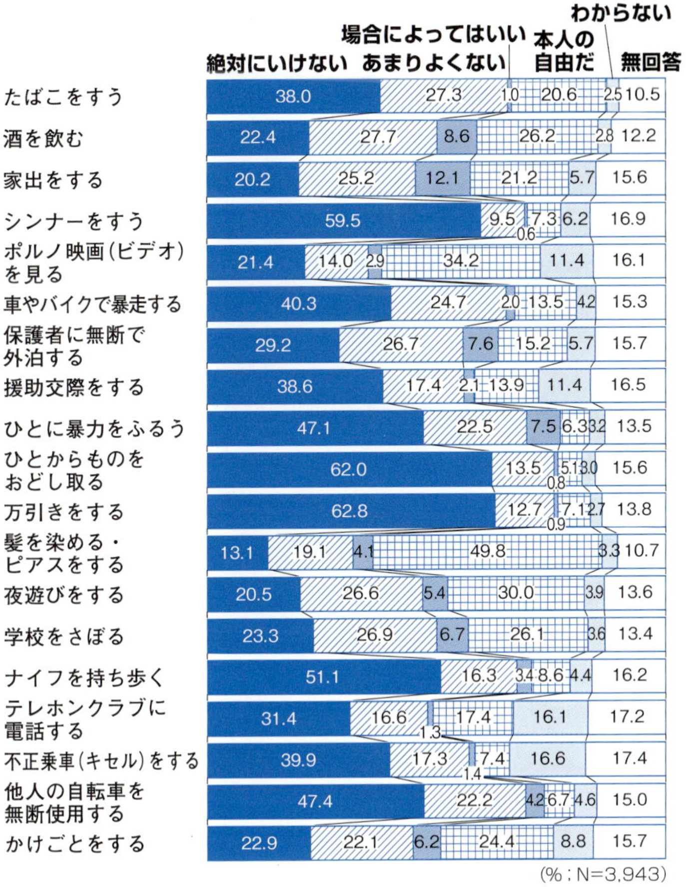

行為	絶対にいけない	場合によってはいい・あまりよくない	本人の自由だ	わからない・無回答
たばこをすう	38.0	27.3 / 1.0	20.6	2.5 / 10.5
酒を飲む	22.4	27.7 / 8.6	26.2	2.8 / 12.2
家出をする	20.2	25.2 / 12.1	21.2	5.7 / 15.6
シンナーをすう	59.5	9.5 / 0.6	7.3	6.2 / 16.9
ポルノ映画（ビデオ）を見る	21.4	14.0 / 2.9	34.2	11.4 / 16.1
車やバイクで暴走する	40.3	24.7 / 2.0	13.5	4.2 / 15.3
保護者に無断で外泊する	29.2	26.7 / 7.6	15.2	5.7 / 15.7
援助交際をする	38.6	17.4 / 2.1	13.9	11.4 / 16.5
ひとに暴力をふるう	47.1	22.5 / 7.5	6.3	3.2 / 13.5
ひとからものをおどし取る	62.0	13.5 / 0.8	5.1	3.0 / 15.6
万引きをする	62.8	12.7 / 0.9	7.1	2.7 / 13.8
髪を染める・ピアスをする	13.1	19.1 / 4.1	49.8	3.3 / 10.7
夜遊びをする	20.5	26.6 / 5.4	30.0	3.9 / 13.6
学校をさぼる	23.3	26.9 / 6.7	26.1	3.6 / 13.4
ナイフを持ち歩く	51.1	16.3 / 3.4	8.6	4.4 / 16.2
テレホンクラブに電話する	31.4	16.6 / 1.3	17.4	16.1 / 17.2
不正乗車（キセル）をする	39.9	17.3 / 1.4	7.4	16.6 / 17.4
他人の自転車を無断使用する	47.4	22.2 / 4.2	6.7	4.6 / 15.0
かけごとをする	22.9	22.1 / 6.2	24.4	8.8 / 15.7

(%；N=3,943)

図 3-1　非行的行為に対する考え（小学生～高校生の合計）
（和歌山県青少年問題協議会専門委員会，2005）

非行に関する考え方

派は19%であった。

　以上，小学生ではさまざまな非行行動などについて「本人の自由だ」とか「場合によってはいい」というように肯定する子どもは少なかった。しかし，中学生になると肯定する子どもが急激に増加し，高校生ではさらに増加している。非行の肯定率について小学生はだいたい保護者の考え方と一致しているかやや高めになっているという特徴があった。

🌐 道徳意識の変容

　非行に関する項目について，それは「本人の自由だ」という回答は，学年が上がると上昇しており，高校生では特に高率であった（図3-2。喫煙・飲酒のみを引用）。

　「本人の自由だ」という率が20%を超えた項目は，小学生ではなかったが，中・高校生ではたくさんあった。それらの項目は，中学生では，「酒を飲む」「家出をする」「ポルノ映画を見る」「髪を染める・ピアスをする」「夜遊びをする」「学校をさぼる」などであった。その率を10%以上とすると，中学生は「たばこをすう」「車やバイクで暴走する」「援助交際をする」「テレホンクラブに電話する」が加わる。

　高校生の場合は，以上の項目はすべて20%を超えており，さらに「シンナーをすう」「万引きをする」「ナイフを持ち歩く」などの項目は10%以上の者が「本人の自由だ」としていた。

　これらの項目のなかには明らかに犯罪に該当する行為が含まれており，注目すべき結果である。ちなみにその保護者を対象とした調査結果では，「本人の自由だ」という率が10%を超えた項目は「髪を染める・ピアスをする」のみであった。

【たばこをすう】

凡例: 絶対にいけない / あまりよくない / 場合によってはいい / 本人の自由だ / わからない / 無回答

	絶対にいけない	あまりよくない	場合によってはいい	本人の自由だ	わからない	無回答
全体（N=3,943）	38.0	27.3	1.0	20.6	2.5	10.5
小学生（N=1,313）	53.0	26.0	0.5	4.7	3.0	12.6
中学生（N=1,246）	40.9	26.4	1.0	16.7	3.2	11.7
高校生（N=1,253）	21.5	29.9	1.4	39.7	1.1	6.3
定時制高校生（N=114）	15.8	23.7	2.6	37.7	4.4	15.8
保護者（N=3,496）	74.0	18.2	0.7	3.2	0.2	3.7

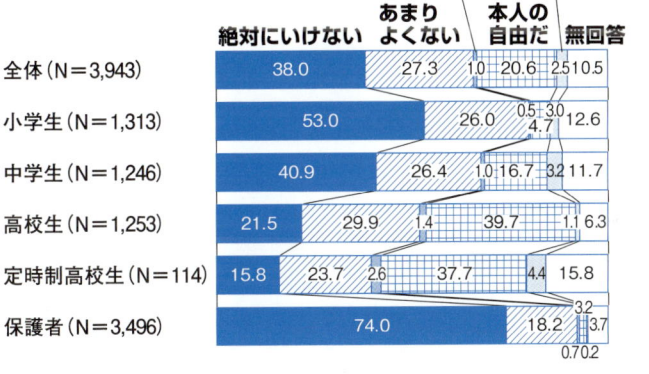

【酒を飲む】

	絶対にいけない	あまりよくない	場合によってはいい	本人の自由だ	わからない	無回答
全体（N=3,943）	22.4	27.7	8.6	26.2	2.8	12.2
小学生（N=1,313）	37.7	31.2	5.0	9.1	3.5	13.4
中学生（N=1,246）	23.6	29.7	7.1	20.5	3.9	15.2
高校生（N=1,253）	6.7	22.8	13.7	48.8	0.9	7.1
定時制高校生（N=114）	6.1	19.3	11.4	37.7	6.1	19.3
保護者（N=3,496）	56.0	25.3	8.8	5.9	0.3	3.7

(%)

図 3-2　喫煙・飲酒に対する考え
(和歌山県青少年問題協議会専門委員会，2005)

道徳意識の変容

実際に酒を飲んだりたばこをすったりしたことのある者は学年とともに上昇しており、このような児童生徒のものの考え方と無関係ではない。小学生の場合、非行に関連する項目について、いけない行動だと考えている者が多いのに対して、中・高校生になるとそうでなくなる点に十分留意する必要があるだろう。「本人の自由に任されること」と「してはいけないこと」が曖昧になっている今日、その明確な規準を示し理解を深めさせながら、モデルとして態度や行動で示すことが大人たちの課題である。

🌐 非行の実際

　図 3-3 の喫煙の有無の問に対して、「すったことはない」という小学生は 84％、中学生は 81％、高校生は 70％であった。この値は各学年ともに喫煙は「絶対にいけない」「あまりよくない」を合わせた率よりも高くなっており、喫煙回避が意識を上回っている。

　図 3-4 の「実際に酒を飲んだ事があるか」という問に対して、「飲んだ事はない」という小学生は 47％、中学生は 37％、高校生は 21％であった。この値も各学年ともに「絶対にいけない」「あまりよくない」を合わせた率よりも低くなっている（図 3-2）。どのようなときに飲んだかという問では、いずれの学年も「正月」が圧倒的に多い。しかし、中学生では「ふだんの食事のとき」「友だちのパーティで」が多くなり、高校生ではさらに「学校行事の打ち上げで」「居酒屋やスナックで」「カラオケボックスで」が増加している。

　また、テレホンクラブについての調査結果では、「知っている」と答えた小学生は 12％、中学生 34％、高校生 62％で、その

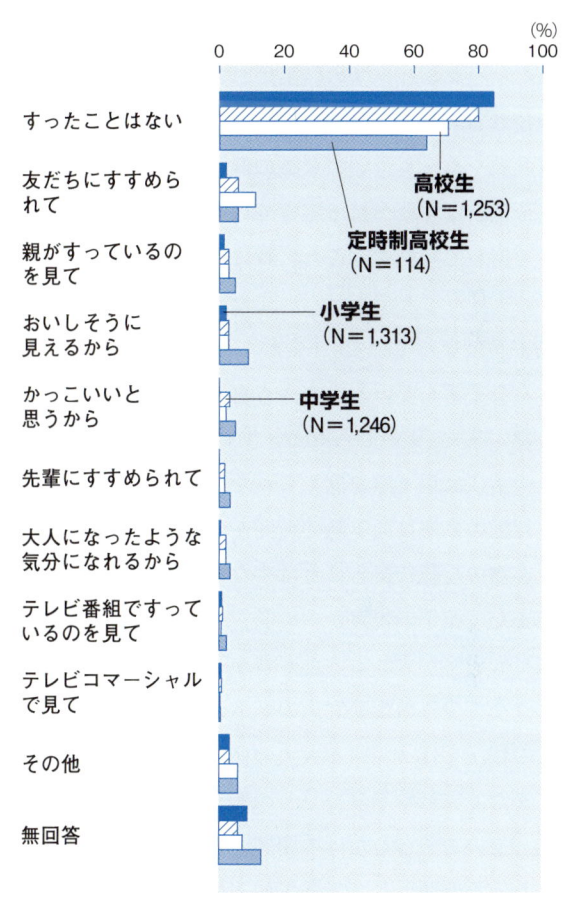

図 3-3　喫煙の経験とその理由
（和歌山県青少年問題協議会専門委員会，2005）
回答は，該当する項目をすべて選択させた。

認知率は学年とともに著しく上昇していた。そして，実際に電話をかけた者は小学生で7%，中学生10%，高校生6%であった。

上記のような調査結果は，それと並行して開催された高校生を対象にしたワークショップの結果における印象と変わらなかったことが指摘されている（和歌山県，2006）。ワークショップのなかで規範意識やルール遵守の意識の低さが浮かび上がった。たとえば，携帯電話は学校へ持ってきてはいけないことになっているが，それを持って登校することに特に問題を感じないし，先生も注意しないということであった。また彼らは自覚のないままにいじめの加害者となっていた。「変わった子どもはみんなでいじる。それをみんなで喜んでいる。本人も喜んでいると思う」などの発言があった。また，「いじられる子」の見分けと「いじる行動」についての話には現実感が感じられた。特に，逸脱した行動には敏感で，行動の基準は同年齢の仲間がどうであるかにあり，大人の言葉や書物の規範に拠ることは少ないように感じたと報告されている。また，相手の視点からの発言は少なく，他者の視点について尋ねても応答がずれることが多かった。

このような青少年の規範意識の低さは，むしろ「守らないで当たり前」の状況を作っている大人の側の責任に帰すべきところが大きい。また，非行や不登校などの青少年問題を考える上で，少数の逸脱している子どもだけの問題としてではなく，どの子どもにも起こりうる問題として考えていく必要があると指摘されている（和歌山県，2006）。このような指摘は誠に正鵠を射ている。

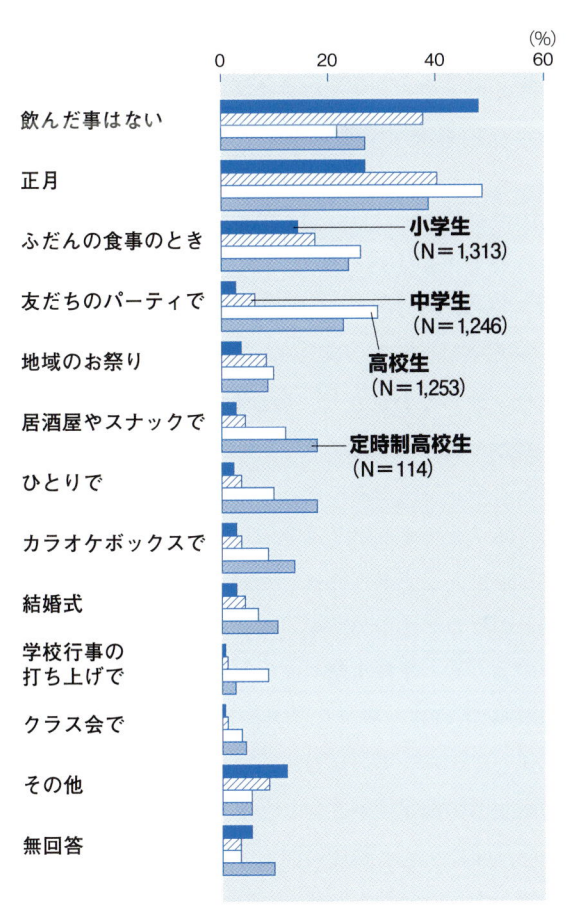

図 3-4 飲酒の経験とその場面
(和歌山県青少年問題協議会専門委員会，2005)
回答は，該当する項目を3つまで選択させた。

凡例:
- 小学生 (N=1,313)
- 中学生 (N=1,246)
- 高校生 (N=1,253)
- 定時制高校生 (N=114)

項目:
- 飲んだ事はない
- 正月
- ふだんの食事のとき
- 友だちのパーティで
- 地域のお祭り
- 居酒屋やスナックで
- ひとりで
- カラオケボックスで
- 結婚式
- 学校行事の打ち上げで
- クラス会で
- その他
- 無回答

非行の実際

攻撃性

　今日話題になっている「キレた」ことがあるかどうかについて，調査の結果では，50〜60％の子どもがキレた経験があると答えていた。男女差はあまりなく，小学生では「キレたことがない」という子どもが21％で中学生とあまり差がなく，「わからない」と答えた子どもも小学生15％で，中・高校生と同じ程度あった。

　子どものキレる原因には，学年差や男女差があるが，全体として次のようなものがあげられた。「自分の気持ちをわかってもらえなくて」「からかわれたり，わらわれて」「親から頭ごなしに怒られて」が高率であった（図3-5）。中高校生に比較して，小学生の特徴は「からかわれたり，わらわれて」が高率で，「自分の気持ちをわかってもらえなくて」「親から頭ごなしに怒られて」は低率であるのが特徴であった。このようにキレることには，多くの場合，本人なりの理由があるようだ。しかし，「よくわからないけど，なんとなく」と回答した者も10％前後いた。

　他項目とのクロス集計の結果，キレたことのある者はキレたことのない者よりも，学校生活や家庭生活についての満足度が低かった（図3-6）。特に，家庭生活の満足度の低いこととキレることとが関連していた。その反対に，キレたことがない者は，学校生活や家庭生活の満足度が高いこととともに，親友がいると答えた者が多く，またテレビ視聴時間も少なかった。

　以上の結果から，突然キレるような印象を与える場合も，人からからかわれたり，頭ごなしに怒られたりというように，自我が傷つけられるようなきっかけがあること，その背景に家庭生活や学校生活への不満があることに留意する必要があるだろう。したがって，自分が肯定され受け入れられるような家庭生活や学校生

【男女別】　　　　　【学年別】

自分の気持ちをわかってもらえなくて	
からかわれたり，わらわれて	
親から頭ごなしに怒られて	
よくわからないけど，なんとなく	
先生や友だちから無視をされて	**全体**(N＝3,943)
ふだんからの態度が悪いという目でみられて	**男**(N＝1,988)
その他	**女**(N＝1,940)
キレたことはない	
わからない	
無回答	

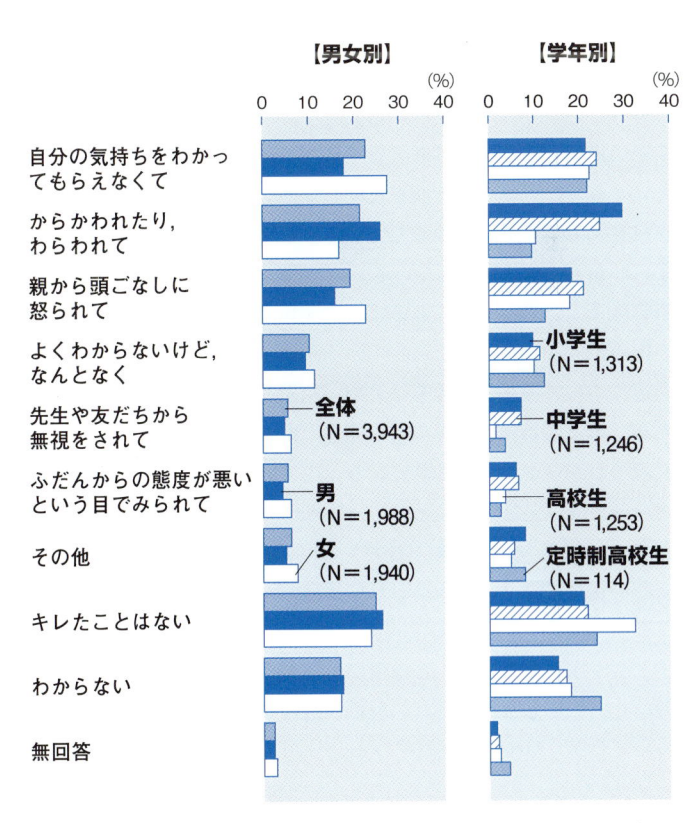

学年別凡例：**小学生**(N＝1,313)／**中学生**(N＝1,246)／**高校生**(N＝1,253)／**定時制高校生**(N＝114)

図 3-5　キレた理由（和歌山県青少年問題協議会専門委員会，2005）

活の実現，友だち作りへの周りの人たちからの支援が求められる。

🔵🔵🔵 参考図書

東　洋（1994）．日本人のしつけと教育——発達の日米比較にもとづいて——　東京大学出版会

　日本人とアメリカ人のものの考え方や，感じ方の違いを浮き彫りにし，その原因となるしつけや教育の仕方，考え方の特色を探っている。さらにそれらが，文化的伝統を反映しながら，その社会への適応として形成されるプロセスを追求している。むずかしいテーマにもかかわらず，わかりやすく書かれている。

小野寺敦子（2009）．手にとるように発達心理学がわかる本　かんき出版

　発達についての基礎理論をはじめ，胎児期〜乳児期の発達，幼児期の発達，児童期の発達，青年期の発達，成人期の発達について，平易な表現でわかりやすく書かれている。内容として，具体的な身近なテーマ（例えば，児童の学習意欲，いじめ，不登校など）を扱っている。

山口豊一（編著）石隈利紀（監修）（2005）．学校心理学が変える新しい生徒指導——一人ひとりの援助ニーズに応じたサポートをめざして——　学事出版

　子どもが求めるサポートとは何か等を明らかにしながら，一人ひとりのニーズに応じた授業や，心理教育的援助サービスの考え方・方法についてわかりやすく解説している。

【学年別】 　　　　**【家庭生活満足度別】**

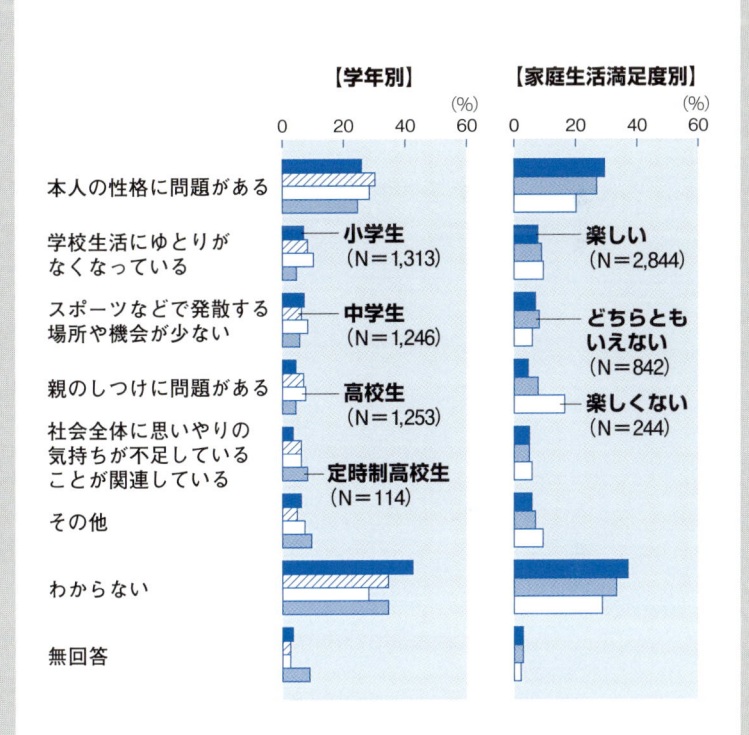

	(%)		(%)
	0 20 40 60		0 20 40 60

本人の性格に問題がある

学校生活にゆとりが　　小学生　　　　　　　　楽しい
なくなっている　　　（N＝1,313）　　　　（N＝2,844）

スポーツなどで発散する　中学生　　　　　　　どちらとも
場所や機会が少ない　　（N＝1,246）　　　　いえない
　　　　　　　　　　　　　　　　　　　　　　（N＝842）
親のしつけに問題がある　高校生
　　　　　　　　　　　（N＝1,253）　　　　楽しくない
社会全体に思いやりの　　　　　　　　　　　（N＝244）
気持ちが不足している
ことが関連している　　定時制高校生
　　　　　　　　　　　（N＝114）
その他

わからない

無回答

図3-6　キレる原因（和歌山県青少年問題協議会専門委員会，2005）

攻撃性

パーソナリティの発達

　人間の社会的,情緒的,性格的側面を総称して,本書ではパーソナリティ領域という用語を用いている。相手の意図や感情を的確に読み取り人間関係にうまく適応していく社会的側面,感情や情緒を発達させその表出や行動のコントロールを行う情動や自我の側面,その人に特有の一貫した行動特徴である性格的側面。これらの3つの側面は,独立しているというより,相互に密接に関連しあっていて,明確に区分することは難しい。

　II部では,パーソナリティに関して,性格はどのように形成されるのか,自己はどのように発達するのか,自分を主張したり抑制したりする自己制御機能はどのようなものか,自信・劣等感をめぐる自己評価はどのように形成されるのかといった問題を中心に取り扱う。また,思いやりがどのように形成されるのか,そして道徳性はどのように発達するのかについて考える。最後に,攻撃行動をめぐるさまざまな問題について理解を深める。

性格の形成

　「パーソナリティ」と「性格」という用語について，本書においてはあまり厳密に区別して用いていない。一般に，パーソナリティというときは全体的に統合された存在として個人の特徴をみるのに対して，性格という場合は性格特性のような個々の特性や個人差に注目している場合に用いることが多い。

　本章では，まず性格形成に影響する要因としての遺伝と環境について，両者は相互にどのような関連をもっているかについて考える。そして，最近ふたたび注目されている個体側の要因としての気質について説明する。他方，子どもの性格形成には家庭環境の要因が重要である。そこで親と子どもとの相互作用のなかで，親が子どもに対してどのようなプロセスを通じてどのような影響を与えるのかについて考究する。

　最後に，性格形成に関連する代表的な2つの理論（アタッチメント理論とモデリング理論）を紹介する。

🔵 遺伝と環境

　子どもの認知発達やパーソナリティ発達に，どのような要因がどのように影響しているのだろうか。発達の要因として大きく遺伝的要因と環境的要因があげられる。この2つの要因がどのように働いて発達が生じるかについて，これまで種々検討されてきている。

　「三つ子の魂百まで」ということわざの意味の解釈を通して，小嶋（2001）はこの問題を見事に説明している。このことわざは，一般に「3歳頃までに形成された子どもの特徴は一生変化しない」というように理解されている。その意味をめぐって，小嶋はTopicのような4つの解釈が可能だとしている。

　今日では第四の解釈のように，遺伝と環境の両方の要因が相互に影響しあって子どもの発達に影響しているというのが定説である。そのようななかで，子どもは単純に受動的に環境からの影響を受けるのではなく，自らも能動的積極的に環境に働きかけ環境に変化を与えると理解されている。

🔵 気　　質

　従来，性格心理学において，クレッチマー（1960）の気質の研究が有名であった。彼は人間の気質を分裂気質・躁鬱気質・てんかん気質の3つに分類した。そしてその気質が性格の中核であり，気質は一人ひとり遺伝的に決定されていて生涯変わらないという類型論を生み出した。

　類型論はそれをそのまま人の性格を当てはめて理解するには問題も多く，その後注目されることはあまりなかったが，今日，気質がふたたび注目されるようになった。赤ちゃんにも生まれたと

Topic 「三つ子の魂百まで」の4つの解釈

　第一は，生まれてから3歳（数え年）頃までの環境や経験の影響を通じて形成された子どもの特徴は，一生変わらないというものである。これは子どもの特徴の形成には主として環境が影響するという環境説であるが，ここではいったん学習された内容や習慣は変わらないという考えが特徴的である。

　第二は，遺伝子に書き込まれたプログラムが発現して子どもの特徴がはっきりしてくるのが3歳頃であるが，これが一生変わらないというものである。この考え方は成熟説ないしは遺伝説とよばれ，学習や経験の働きを認めていない。

　第三は，3歳頃における特徴がいったん眠った状態になっていたのが，老年になってふたたび出現してくるという考え方である。これはスリーパー効果とよばれる実証困難な仮説に基づくものである。

　そして第四は，相互調整的関係説というべきものである。発達のある時期までに形づくられる心理的構造（特徴）は，子どもが環境との間で繰り広げる相互作用の様式に重要な影響を及ぼし，経験の中身に影響するとともに，環境への働きかけの様式にも影響を与える。その結果，子どもの心理的構造が質的に変化するとしても，以前の構造とつながりをもったものとなる。このように，環境が子どもの発達に影響するとともに，子どもも環境に影響を与えることを通して，両者が相互調整的な変化をしていくと考える。

きからそれぞれに個性があって，そのような特性を気質とよんでいる。その代表的なものが，表4-1に示すトーマスとチェスの9つの気質特性である。さらに彼らは乳児を「扱いにくいタイプ」「扱いやすいタイプ」「エンジンがかかりにくいタイプ」の3つに分類し，それぞれのタイプがどのような気質特徴をもつかを示している（菅原，1992）。このような子どもの気質特徴が，環境に影響を与え環境を変える作用をする。たとえば「取扱いが難しい」子どもの特徴は，母親の拒否的な態度・行動を誘発してしまう可能性が高い。

　他方，子どもの気質特徴は決して変化しないものではなくて，環境からの影響を受けて変化する。たとえば，ちょっとした物音にも驚いたり泣いたりする敏感な（感受性の閾値が低い）赤ちゃんに対して，まわりの親たちはできるだけ静かな環境を作ろうと心がける，そのことがかえって音に敏感な赤ちゃんの特徴を増大させてしまう。

　このように，気質が示す特徴は環境との相互作用を通じて変容していくと考えられている。その代表例は，アタッチメント研究においてもみられる。「取扱いが難しい」赤ちゃんの気質特徴と母親との相互作用の結果，赤ちゃんはCタイプとよばれる不安定型になる可能性の高いことが示されている（森下，1991）。

性格特性

　性格をどのように理解するかについて，大きく2つの考え方がある。一つは類型論（タイプ論）とよばれるもので，先ほど述べたクレッチマーのように人間をいくつかのタイプ（型）に分けて理解しようという方法である。これは単なる思いつきで分類する

表 4-1 主な気質的行動特徴の特性次元
(Thomas & Chess, 1986;菅原, 1992を一部改変)

【9次元】
1. **活動水準(activity level)**
   身体運動の活発さ
2. **接近/回避(approach/withdrawal)**
   新奇な刺激に対する積極性/消極性
3. **周期性(rhythmicity)**
   睡眠・排泄などの身体機能の規則正しさ
4. **順応性(adaptability)**
   環境変化に対する慣れやすさ
5. **反応閾値(threshold)**
   感覚刺激に対する敏感さ
6. **反応の強度(intensity)**
   泣く・笑うなどの反応の現われ方の激しさ
7. **気分の質(mood)**
   親和的行動/非親和的行動の頻度
8. **気の散りやすさ(distractability)**
   外的刺激による気の散りやすさ
9. **注意の範囲と持続性(attention span/persistence)**
   特定の行動に携わる時間の長さ/集中性

【気質タイプの3類型】

1.「扱いにくい子どもたち(difficult children)」	回避+低周期性+遅順応性+否定的気分+激しい反応
2.「扱いやすい子どもたち(easy children)」	接近+高周期性+早順応性+肯定的気分+おだやかな反応
3.「エンジンがかかりにくい子どもたち(slow-to warm-up children)」	最初回避―やがて接近+最初遅順応性―やがて順応

のではなく，人間の特徴を基本的に分けるものは何かについて精神医学を基本において理解しようとしている。分裂気質，躁鬱気質，てんかん気質という分類が代表的なものである。このような類型論では，性格は遺伝によって生まれたときから決まっていると考えられている。

それに対して特性論というのは，人をタイプに分類しないで，ある特徴がその人にどの程度あるかを問題にする方法である。多くの人を記述するのに適した共通の特徴を共通特性とよんでいる。この共通特性は，最近では，個人個人の特徴を表現する言葉を因子分析して抽出されたものであるので因子ともよばれている。我が国でよく使われている YG 性格検査は表 4-2 に示すように 12 の特性（因子）からなっている。

最近は，人間の特徴を表現する大きな特性（因子）が 5 つあるとされ，ビッグ・ファイブとよばれている。特性（因子）の命名は研究者によって少しずつ異なるが，内容はほぼ共通している。その代表的なものを表 4-3 に示す。

このような特性論は，性格形成は遺伝の影響によるだけではなく環境の影響も大きいという立場に立っている。この点で気質という概念とは異なる。つまり，性格は遺伝と環境の相互規定的な関係で形成されるという考え方に基づいており，多くの研究が展開されている。

家庭環境と性格の形成

性格形成において，環境の影響に注目してみよう。子どもの性格形成に影響する環境要因は，表 4-4（詫摩，2003）のようにまとめられているが，その大半は家庭環境・家族環境の要因である。

表 4-2　YG性格検査の12特性 (辻岡, 2006)

D	抑うつ性	陰気, 悲観的気分, 罪悪感の強い性質
C	回帰性傾向	著しい気分の変化, 驚きやすい性質
I	劣等感の強いこと	自信の欠乏, 自己の過小評価, 不適応感が強い
N	神経質	心配性, 神経質, ノイローゼ気味
O	客観的でないこと	空想的, 過敏性, 主観性
Co	協調的でないこと	不満が多い, 人を信用しない性質
Ag	愛想の悪いこと	攻撃的, 社会的活動性, 但しこの性質が強すぎると社会的不適応になりやすい
G	一般的活動性	活発な性質, 身体を動かすことが好き
R	のんきさ	気がるな, のんきな, 活発, 衝動的な性質
T	思考的外向	非熟慮的, 瞑想的および反省的の反対傾向
A	支配性	社会的指導性, リーダーシップのある性質
S	社会的外向	対人的に外向的, 社交的, 社会的接触を好む傾向

表 4-3　ビッグ・ファイブの具体的内容 (Norman, 1963；詫摩, 1998)

(Ⅰ) 外向性　高潮性	1　話し好き ― 寡黙 2　率直, 開放的 ― 隠し立てのある 3　冒険的 ― 用心深い 4　社交好き ― 隠退的
(Ⅱ) 協調性	1　温和 ― いらつく 2　嫉妬しない ― 嫉妬深い 3　温厚 ― 強情 4　協調性 ― 拒絶的
(Ⅲ) 良心性	1　念入り, きちんとした ― 不注意 2　責任感のある ― あてにできない 3　きちょうめん ― 無節操 4　がまん強い ― 中途半端, 移り気
(Ⅳ) 情緒的安定性	1　落ち着いた ― 神経質, 緊張しがち 2　平静な ― 不安がる 3　冷静な ― 興奮しがち 4　憂うつでない ― 憂うつな
(Ⅴ) 文化	1　芸術的感受性のある ― ない 2　知的 ― 思慮深さのない, 狭い 3　洗練された, 磨かれた ― 粗野な, 生の 4　想像的 ― 単純, 直接的

このように性格は主として家族関係をはじめとする人間関係のなかで形成される。家族関係のなかでも特に親の子どもに関わる特徴が子どもの性格形成に影響する点が重視されている。6章で紹介する詩は，どのような親の関わり方の特徴が，どのような子どもの特徴の形成に影響しているかを見事に描いている（図6-3参照；ノルト・ハリス，1999）。

親が子どものモデルになっているという視点からこの詩は作られているが，詳細にみるとそこには次のようないくつかのプロセスが働いている。

しつけや教育

子どもに何か問題行動が生じると，家庭の教育がなっていないとか家庭における教育機能が低下しているといわれる。日常生活のなかでの基本的な生活習慣や基本的な社会的ルールなど，家庭で子どもに教える必要があるだろう。また子どもはほめられたり叱られたりしながら，良い行動と悪い行動を学ぶ。

親が良い行動だと思う子どもの行動にはプラスの強化（報酬）を与え，悪い行動だと思う子どもの行動にはマイナスの強化（非難や罰）が与えられる。そのようにして，子どもは親や大人が良いと思う行動を身につけ，悪いと思う行動は少なくなると考えられている。しかし，そのようなしつけや教育だけから子どもは学んでいるわけではない。

子どもに対する親の態度・行動

子どもが親から愛され受容されているか，それとも冷たく拒否されているか（受容―拒否）。あるいは子どもに対する親のしつけが厳しいかそれともゆるやかか（所有的（統制）―自由（自律性の尊重））。この2つは親の態度次元として重要である（図4-

表 4-4　性格の発達に及ぼす外的要因の例（詫摩, 2003）

1　生まれた家庭の要因
- 親の年齢・教育歴・職業・収入・宗教・人生観・価値観・子ども観・性役割観・人間関係
- その家庭の一般的雰囲気
- 父と母の関係
- その家のある地域の諸特徴

2　家族構成
- 家族構成員の人数や関係，三世代家族・核家族などの家族形態
- きょうだい数と出生順位，異性のきょうだいの有無，きょうだい間の年齢差，出生順位による親の期待内容
- 家族間の愛情の程度
- 親と子の心理的距離

3　育児方法や育児態度
- 授乳や離乳の仕方
- 食事，睡眠，着衣，排泄などの基本的習慣のしつけ
- 他人に対する態度，感情の表出（怒り，甘えなど）に関するしつけ
- 親の子どもに対する一般的態度（保護的，拒否的，放任的，溺愛的，受容的，支配的など）

4　友人関係・学校関係
- 友人の数・つき合いの程度，友人との遊びの時間や場所，遊びの内容，友人集団内での地位
- 幼稚園や学校の教育方針，担任教師との関係

5　文化的・社会的要因
- その社会の生活様式・宗教・習慣・道徳・法律・価値基準・政治形態・歴史・地理・人間関係観・性役割観
- ほかの社会との関係

1）。また，この2つの次元を座標上に組み合わせた，過保護的，要求敵対的，無視，協同的態度などは養育態度の型（パターン）とよばれる。

　一般に親から愛され受容され大切に育てられた子どもは，高い自己評価や自尊感情をもって積極的に課題に取り組み，安定した人間関係を結んでいく。その反対に，親から冷たく拒否されて育てられた子どもは，自己に自信をもてず引っ込み思案で消極的で不安定な人間関係を結ぶ傾向がある。

　このように，親の養育態度とそれに対応する子どもの特徴について，これまでたくさんの研究がなされてきた。表4-5に従来の研究結果が広くまとめられている。この表に示された養育態度や子どもの特性との関連は，研究者によって概念や測定方法，研究対象の年齢や性が異なっている場合があるので注意を必要とする。一般に望ましいといわれる親の態度と望ましいといわれる子どもの特徴が対応しており，その反対に望ましくないといわれる親の態度と望ましくないといわれる子どもの特徴が対応しているようである。

　このような結果から，親の養育態度が子どもの性格形成に影響したのだと解釈される傾向が強いが，その反対の可能性もあり，その因果関係は慎重に取り扱う必要がある。

親子の相互作用（相互交渉過程）

　前にもふれたように，親の子どもに対する態度も，厳密にいえば子どもからの影響を受けているのでこの相互作用のなかに入る。つまり，親の態度・行動の特徴が子どもの態度・行動に影響すると同時に子どもの気質などの特徴が親の態度・行動に働きかけて影響を与えている。

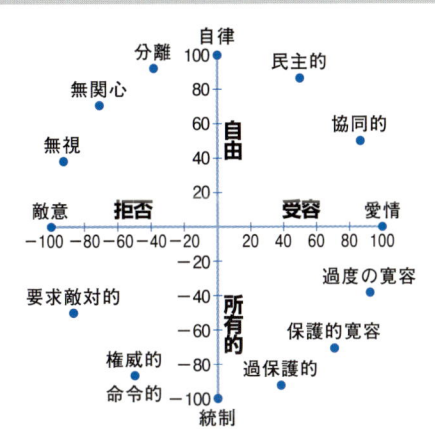

図 4-1 シェーファーの親の態度座標（Schaefer, 1959）
2つの直交する態度因子の得点によって，図のように14個の態度の型に分類できる。子どもに対する愛情が豊かで子どもの自律性を尊重する民主的，協同的な態度が子どもの性格形成にとって望ましいとされている。

表 4-5（1） 親の養育態度とパーソナリティ特性との関係（村尾，1966）

親の態度の型	子どもの行動特性・人格の型
民主的	独立的，素直，協力的，親切，社交的，活発（言葉や動作が敏速）
調和的，良適応	服従的，適応が良い，協力的
暖かさ	落着いている，幸福，協力的
受容的	社会的に受容的，自信をもって未来にあたる，依存性減少
平静，幸福，無矛盾	協力的*，すぐれた適応，独立的
理論的科学的接近	自信，協同的，責任感がある
一貫したきびしいしつけ	適応が良い
子どもに責任を与える	適応が良い，自信，安定感
子どもと遊ぶ	安定感，自信
拒否的	神経質*，攻撃的*，不安定感*，冷淡*，服従的，適応困難，加虐的，内気，だんまり，不服従，反社会的（非行性），乱暴，注意をひこうとする，白昼夢
敵意	攻撃性，敵意，不幸

（*印は数人の報告にみられるもの） （p.71に続く）

家庭環境と性格の形成

たとえば，受容的で優しい親の態度には子どもも素直に従順に応じ，そのような子どもの態度・行動に対して親のほうもより受容的な態度を示す。その反対に，反抗的な子どもの行動特徴が親の拒否的または統制的な態度・行動を引き出し，そのために子どもはより反抗的になるというように，それは次々と連鎖していく（図 4-2）（末田ほか，1985）。このような相互作用が繰り返され時間を経るなかで，子どもの行動に注目すると，ある子どもは従順で素直，別の子どもは反抗的で攻撃的な特徴をもつと評定される。そのような子どもの特徴は本来特定の親の態度・行動に対応したものであったかもしれないが，他の人にも汎化していく可能性がある。人を越えて場面を越えてある程度一貫した特徴となるとそれは性格とよばれるものになる。このように，主として親との相互作用のなかで，子どもの性格が形成されていく可能性がある。

　上記以外に，性格形成には家庭環境のなかで観察学習（モデリング理論）や内的ワーキングモデルの形成（アタッチメント理論。p.79 Topic 参照）が働いていると考えられるが，この点については次節において述べる。

🌀 アタッチメント理論

　性格がどのように形成されるかについて，もっとも代表的な 2 つの理論のうち，まずアタッチメント理論を紹介しよう。

　ごく初期の母子間の相互作用のなかで，子どもの将来を決定するようなドラマが生じていると指摘したのが，ボウルビィ（1976）であった。彼によれば，哺乳類の赤ちゃんは生得的に母親（養育者）に対する愛着行動を獲得している。人間の子どもも

表 4-5（2） 親の養育態度とパーソナリティ特性との関係（続き）
(村尾，1966)

親の態度の型	子どもの行動特性・人格の型
残酷，冷酷	強情，冷酷，神経質，逃避的，独立的，攻撃的
専制的	依存的，反抗的，情緒不安定，自己中心的，大胆，従順，両親に対する反感，好争性，ゆううつ，自罰的
支配的	依存的，内気，服従的，行儀が良い，自我意識的，非協調的，緊張，乱暴，けんか好き，無関心，活発，落着かない，衝動的，独立的，敵意，不幸，粗野
多罰的	攻撃性，依存性
過保護的	小児性で引っ込み思案*，服従的*，不安定感，攻撃的，嫉妬，適応困難，神経質
甘やかし	わがまま，反抗的，幼児的，神経質，依存的
服従的	攻撃性，不注意，不従順，独立的，自信，積極的に友人をつくる*，非協調的，いうことをきかぬ
無視・放任	冷酷，攻撃的，情緒不安定，創造性に富む，社交的，臆病，気転がきく
不調和	攻撃性*，神経症的，嫉妬*，非行性*，非協同性
欠点のあるしつけ	適応不良*，攻撃的，反抗的，嫉妬，神経症的，非行性

（*印は数人の報告にみられるもの）

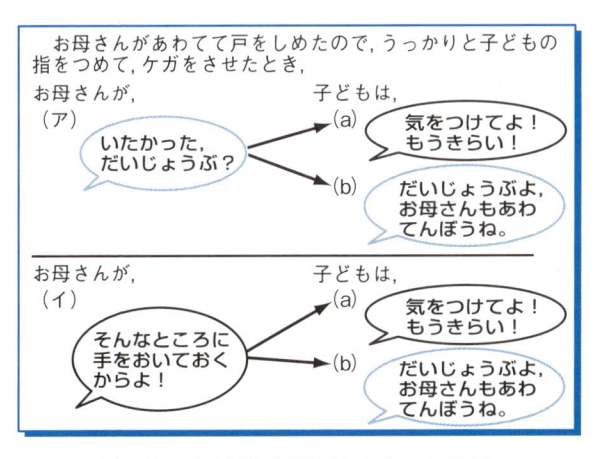

お母さんがあわてて戸をしめたので，うっかりと子どもの指をつめて，ケガをさせたとき，

お母さんが，（ア）「いたかった，だいじょうぶ？」

子どもは，
(a)「気をつけてよ！もうきらい！」
(b)「だいじょうぶよ，お母さんもあわてんぼうね。」

お母さんが，（イ）「そんなところに手をおいておくからよ！」

子どもは，
(a)「気をつけてよ！もうきらい！」
(b)「だいじょうぶよ，お母さんもあわてんぼうね。」

図 4-2 母子の対応関係（末田ほか，1985）

同じように生まれてまもなく母親に対して追視したり抱きついたり後追いしたりという愛着行動を示す。そのような母子の関わりのなかで、赤ちゃんと母親との間に情動的な交流が生じ、母親が赤ちゃんの心の安全基地としての機能をもつようになる。このような安全基地に支えられ子どもは積極的に探索行動を行う。この探索行動が子どもの認知発達や自我の発達の基盤となると考えられている。

アタッチメント（愛着）の発達について、乳幼児期の母親の関わり方によっていくつかの特徴（タイプ）が生じるとされている。このようなタイプの違いは母子関係の特徴の違いを示すだけでなく、課題への取組み方や仲間関係の特徴の違いを示す（森下，1991）。

乳幼児期のアタッチメントの特徴は、ストレンジ・シチュエーション場面（図4-3）での観察を通じて下記のように分類されている。そしてこのような愛着の特徴が、子どもの将来にまで影響するというのである。Bタイプ（安定型）は安定した愛着のタイプであるが、Aタイプ（回避型）あるいはCタイプ（不安定型）の子どもの場合、将来に社会的不適応に陥る可能性が大きいとされている。また、新しく導入されたDタイプ（非統合型）は、虐待された子どもにみられることが多いという。

🔵 モデリング理論

親子の相互作用のなかで、子どもは親の行動やものの考え方を観察している。このような観察を通して、子どもは主として自分の住んでいる国や地域がもつ文化の行動様式や価値観など、多くのことを学習している。この点に注目したのがバンデューラ

① 子ども用
ドア　　　　　オモチャ
ストレン　　　　　　　母親用
ジャー用

実験者が母子を室内に案内，母親は子どもを抱いて入室。実験者は母親に子どもを降ろす位置を指示して退室。(30秒)

②
母親は椅子にすわり，子どもはオモチャで遊んでいる。(3分)

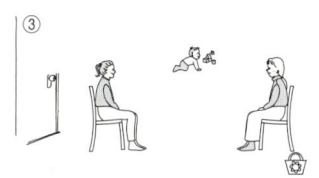

③
ストレンジャーが入室。母親とストレンジャーはそれぞれの椅子にすわる。(3分)

④
1回目の母子分離。母親は退室。ストレンジャーは遊んでいる子どもにやや近づき，はたらきかける。(3分)

⑤
1回目の母子再会。母親が入室。ストレンジャーは退室。(3分)

⑥
2回目の母子分離。母親も退室。子どもはひとり残される。(3分)

⑦
ストレンジャーが入室。子どもを慰める。(3分)

⑧
2回目の母子再会。母親が入室しストレンジャーは退室。(3分)

図 4-3　ストレンジ・シチュエーションの8場面
(Ainsworth et al., 1978；数井ほか，2005)

(1979) で,これを**モデリング**(**観察学習**)とよんだ。

モデリング

　従来,新しい行動の獲得(学習)は,実際の行動に対する強化(報酬や罰)の繰返しによって生じると考えられてきた。つまり,報酬が与えられる行動は形成され,罰が与えられる行動は消去される。しかし,実際に自分で行動しなくてもただ見る(観察)だけで学習が成立する,また強化がなくても学習が生じるというのがモデリング理論の特徴である。モデリングによって多くの社会的行動(対人行動)が学習され,かつ人間関係のなかで学習が生じるという意味で,**社会的学習**(social learning)ともよばれている。

　バンデューラの研究を次に紹介しよう(柏木,1978)。モデル(女子大学生)がビニール製の大きな人形で遊んでいる。遊びながら人形にパンチを加えたり投げたり,悪態をついたり,攻撃的な行動をしている。このようなシーンを撮った映像を子どもに見せる。そのあとで同じ人形がおかれているプレイルームに連れて行かれ,ここで自由に遊ぶように言われ,一定時間を過ごす。この間,子どもがどのような行動をしたか,特にモデルと同じような攻撃行動をとったかどうか観察記録される。参加者は幼児で,あらかじめランダムに分けられ,次のような3つの条件に割り当てられている。①映画のなかでモデルが攻撃行動をするとき,「うまくやった」などとほめられる(＋強化)。②モデルの攻撃行動が叱られる(－強化)。③モデルの攻撃行動に対して何も言われない(無強化)。

　その結果,子どもが示した攻撃行動の量が図4-4である。男女差があり,男子のほうが女子より攻撃行動が多い。＋強化と無

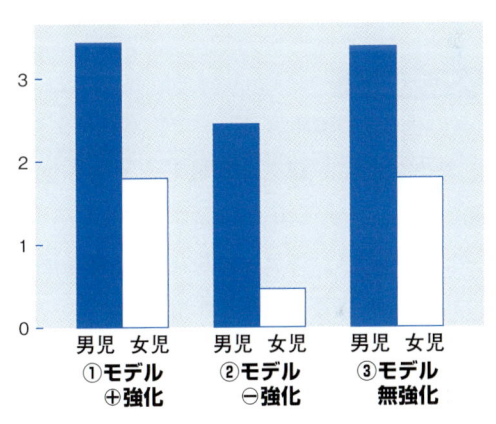

図 4-4　3 群の攻撃的行動の量 (Bandura, 1965；柏木, 1978)

強化群は−強化群よりも攻撃行動が多かった。すなわち、この結果は、強化が与えられなくてもモデル行動を見ただけで攻撃行動が生じる、つまりモデリングが生じるということを示していた。そして、モデルに対する−強化（代理強化）は、攻撃行動の抑制効果をもつということを示していた。

また、そばにいる親やきょうだいや先生がモデルとなるだけでなくて、映画やテレビ番組、本や漫画の主人公など何でもモデルとなりうるということが明らかにされている（Bandura & Waters, 1963）。

モデリングのプロセス

モデリングの生じるプロセスについて、バンデューラの考え方（図 4-5）を参考にして、新しく作成したものを図 4-6 に示す（森下、1996）。

モデリングのプロセスはモデルの観察（「注意過程」）にはじまる。子どもはまわりの人たちと相互作用しながら、人々の行動に注目しモデルとしている。どのようなモデルのどのような特徴に注目するかは、モデルの特徴とそれを見る側（子ども）の特性および両者の関係のありように影響される。一般に、目立つ人、地位が高い人、有能な人たちが注目されやすい。また、自分と同じカテゴリーに含まれる者がモデリングの対象となりやすい。モデルと子どもとの関係がモデルへの注意に対する動機づけに影響し、またモデル行動の内容にも影響する可能性がある。この点の具体的な内容は以下の章で説明する。子どもの認知発達の水準や、興味・関心などのの動機づけが何をどのように観察するかという注意過程に影響する。

注意過程に続いて「保持過程」がくる。観察されたモデル行動

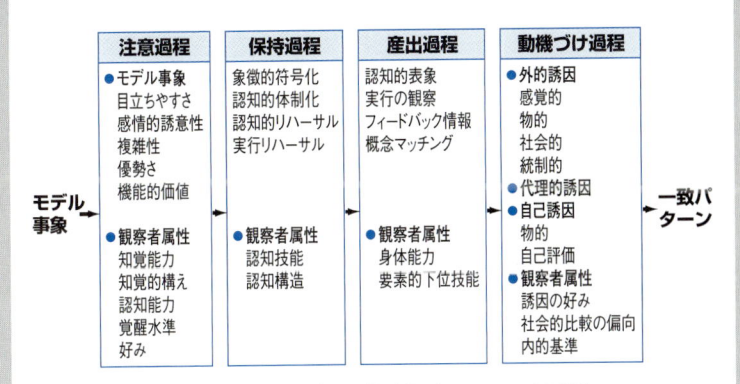

注意過程	保持過程	産出過程	動機づけ過程
●モデル事象 　目立ちやすさ 　感情的誘意性 　複雑性 　優勢さ 　機能的価値	象徴的符号化 認知的体制化 認知的リハーサル 実行リハーサル	認知的表象 実行の観察 フィードバック情報 概念マッチング	●外的誘因 　感覚的 　物的 　社会的 　統制的 ●代理的誘因 ●自己誘因 　物的 　自己評価
●観察者属性 　知覚能力 　知覚的構え 　認知能力 　覚醒水準 　好み	●観察者属性 　認知技能 　認知構造	●観察者属性 　身体能力 　要素的下位技能	●観察者属性 　誘因の好み 　社会的比較の偏向 　内的基準

モデル事象 →　　　　　　　　　　　　　　　　　　　　　　　← 一致パターン

図 4-5　モデリングの下位過程（Bandura, 1986）

これは 1986 年に提出されたモデルである。従来のモデルと異なるのは，すべての過程に観察者属性が設定されたことと，強化という用語が誘因と代えられていることである。

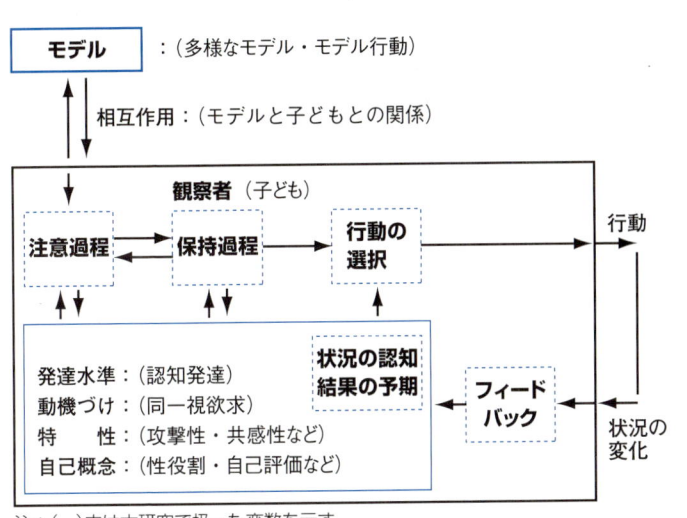

モデル：（多様なモデル・モデル行動）

相互作用：（モデルと子どもとの関係）

観察者（子ども）

注意過程 ― 保持過程 ― **行動の選択** → 行動

発達水準：（認知発達）
動機づけ：（同一視欲求）
特　性：（攻撃性・共感性など）
自己概念：（性役割・自己評価など）

状況の認知 結果の予期 ← **フィードバック** ← 状況の変化

注：（　）内は本研究で扱った変数を示す

図 4-6　モデリングの理論モデル（森下，1996）

モデリング理論

は，イメージやシンボルを媒体として保持される。注意されたものがすべて保持されるとは限らない。そこにも発達の水準や動機づけが影響する。特に自己概念に一致した行動は保持されやすく，一致しない行動は保持されにくい。

「**行動の選択**」という過程では，すでにそのような行動が成立している場合と新しい行動の獲得が必要な場合とに分かれる。新しい行動の場合，保持のプロセスにおけるリハーサルや行動の遂行に対するフィードバックを繰り返すことによってそのような行動が形成される。それに対して，社会的行動に関するモデリングの場合は，個々の行動の要素はすでに成立していることが多く，その組合せによって新しい行動が形成されると考えられる。

保持された行動のなかで，ある行動は選択されある行動は選択されない。そのような行動選択の際には，過去にその行動が示された状況や背景の認知，その行動がもたらした結果の認知が影響する。それらの認知内容は，現在の状況の認知とその行動がもたらす結果の予期のなかに再統合され，行動選択の判断に影響する。

行動選択にも自己概念が影響し，たとえば「男の子」「女の子」というような自己概念に一致した行動や，自己評価を高める行動は選択されやすい。その反対に，自己概念に一致しない行動や，自己評価を低下させるような行動は一般に選択されにくいと予想される。また，共感性や攻撃性のような個人のパーソナリティ特徴は行動の選択に大きく影響する。このような行動の選択はいつも意図的・意識的に行われるとは限らない。しかし，それが比較的無意識に行われる場合でも，状況の認知や結果の予想，個人のパーソナリティ特徴が暗黙のうちに影響していることがある。

最後の「**フィードバック**」では，その行動がうまく遂行できた

Topic 内的ワーキングモデル

　p.68でみたように乳幼児期の愛着の発達が人間の生涯にわたる発達に影響するというのは、どうしてなのか。そこには**内的ワーキングモデル**（internal working model）が作用するという（ボウルビィ，1976；久保田，1995）。内的ワーキングモデルというのは、物事の考え方の枠組みや信念、イメージ・概念に当たるものである。乳幼児期における母子関係を通じて、基本的な信念やイメージ、つまり母親について、人間や世界について、自己について内的ワーキングモデル（母親観，人間観・世界観，自己観）が形成される。その内的ワーキングモデルが生涯にわたってその人の行動に影響するというのである（数井・遠藤，2005）。

　愛着発達のBタイプは、安定した母親との関係を通じて母親や人間に対する基本的信頼感や肯定的な自己観を形成し、生涯にわたって安定した人間関係を維持することができる。それに対してAタイプは、拒否的な母子関係を通じて母親や人間に対する不信感や否定的な自己観を形成し、一般に人間に対して否定的で距離を置いた関係を形成する。またCタイプは、不安定な母子関係を通じて不安定な人間観や自己観を形成し、不安の多い不安定な人間関係を形成する。Dタイプについては統合されない行動や自己を示すと考えられているが、目下研究されているテーマである。

　ボウルビィは、子どもの発達にとっての母子関係の影響を重視しているが、母子関係だけが重要だというわけではない。母親に替わる養育者や父親との関係も重要だという指摘もある。また乳幼児期の母子関係だけが重要ではなく、生涯にわたる母子関係や周りの人たちとの関係、とりわけ父親やきょうだい、夫や友人のサポートが重要だということが明らかになっている（森下・木村，2004）。

かどうかのフィードバック（これまでの行動の評価）が生じる。それと並行して，その行動がもたらした効果についてのフィードバックがある。そのなかで，他者がどのように反応するかが重要な手がかりとなる。最終的には，モデリング行動の結果は，子どもの自己評価反応や自己概念にまで影響する。

　このようなフィードバックは，注意過程，保持過程，次の行動の選択に影響する。フィードバックがこのように何度か繰り返されて，新しい行動パターンや新しい行動基準が形成され，個人に特有の行動傾向が形成される。そのようにしてパーソナリティとか性格とよばれるものができるのである。

🔵🔵🔵 参考図書

数井みゆき・遠藤利彦（編著）(2005). アタッチメント——生涯に
　　わたる絆—— ミネルヴァ書房
　アタッチメントに関する最近の研究が幅広く紹介されている。
久保田まり (1995). アタッチメントの研究——内的ワーキング・モ
　　デルの形成と発達—— 川島書店
　これまでのアタッチメント（愛着）研究についてわかりやすくまとめ，親子関係と幼児期・児童期・青年期のアタッチメントの発達の問題を扱っている。
詫摩武俊（監修）(1998). 性格心理学ハンドブック 福村出版
　性格心理学の基礎（性格心理学の理論・方法・関連分野），ライフステージと性格（乳児期から高齢期まで），生活場面と性格（家庭・学校・職場・地域環境）など幅広いテーマを扱った本。

自己の発達

パーソナリティにとって自我や自己は中心的な課題である。この自我や自己の概念については必ずしも定説はないが，本章で一応の整理をしておきたい。

その後に，自己評価（自尊感情）や自己受容の問題を考える。自己評価はどのような働きをするのか，自己評価はどのようにして形成されるかについて述べる。そして，自己評価の一側面であり，日常生活のなかで身近な働きをしている自信や劣等感について，どのような構造をもっているかを探り，自信や劣等感を強く示す子どもの特徴について考える。

続いて，自我や自己の働きのなかで，自分の感情や行動を抑制したり解発したりする自己制御に焦点を当てる。自己制御にはどのような因子があるか，自己制御はどのように発達するか，思いやりと自己制御パターンとの間にはどのような関連があるか，親子関係の特徴は自己制御の発達にどのような影響を与えるか，このような問題について解説する。

自我と自己

自我と自己の概念

　今日の激動する新しい時代を生きていく上で，強靱な体力のもとに，豊かな知性，人間関係を結ぶ社会的能力（コンピテンス），そして力強い自我の力が必要とされている。

　その自我の働きのなかで，行動の主体としての自我（ego）と，意識の対象としての自己（self）とは一応区別されている。主体としての自我は意識の対象となりえず，人間の行動を説明するための説明概念（構成概念）だといわれている。それに対して，意識の対象としての自己は，自己概念，自己評価，自尊感情などのテーマで研究対象となっている。しかし，研究者によって用語の使い方は異なっている。また実際問題として，たとえば目標に向かって努力する自我の働きは主体としての働きと客体としての働きが機能しており，両者を明確に区別するのは難しい状況もある。

自己意識の発達

　オルポート（1982）は，この自己がパーソナリティの中核をなすものと考えている。彼によると自己意識は7つの側面からなり，それはTopicのような順序で発達するという。

　このような7つの側面は，発達に伴って順次展開していくが，新しい展開に伴ってそれ以前の側面が消え去るのではない。またそれらはバラバラに働くのではなく，実際の日常の体験のなかではそれらは同時に存在し，融合して機能していると彼は例をあげて指摘している。

　オルポートのこのような考えによれば，幼児期は自己同一性の感覚にはじまり，自尊心（自我）の芽生え，そして自己の拡大へと自己意識が発達していく。それに引続き児童期になると，より

Topic 自己意識の展開

1. **身体的自己**：乳児は絶えず内臓や筋肉などの身体器官の内部で生じている感覚の流れを受け取っている。しかし，自己が対象化された自己意識にまではなっていない。

2. **自己同一性**：自分は自分として一貫して自分であるという感覚である。2歳頃から絶えず呼ばれる自分の名前を係留点として同一性の感覚は育っていく。

3. **自尊心**：2歳前後から自分の行動が妨害されたときに自己意識が介入してくる。外部からの介入や干渉は，子どもの意志や誇りを傷つけるものとして反抗や強情な特徴として現れてくる。

4. **自己の拡大**：3歳以降になると，わたしのお母さん，ぼくのお兄さん，わたしの人形，ぼくのおもちゃというように愛着や所有が，自分と一体化したものとして意識が広がっていき，それとともに自己も拡大していく。

5. **理性的な対処者としての自己**：自分は問題を解く能力がある存在だということを自覚するようになる。この時期はなぞなぞや，問題を解くことに興味をもち，ものごとを抽象的にとらえることができるようになる。

6. **自己像**：自分はどういう子どもであるか，両親から何を期待されているかがわかりはじめる。自分は良い子だ，悪い子だというイメージをもちはじめ，自己像が芽生える。幼児期の後半から児童期にかけて発達する。

7. **固有的希求**：青年期は自己の理想と現実のギャップに直面しながら，自己同一性を求め揺れ動く。自分は何者なのか，自分はどこから来てどこへ行くのか，どのように生きたらよいのか，真の自己を求める（自己同一性の探究）。

いっそうの自己の拡大とともに理性的な対処者としての自己，そして自己像が発達する時期だといえるだろう。

エリクソンは，図5-1のように自我の発達について8段階説を提示している。生後1年の間に人間に対する基本的信頼感が形成される（この点はアタッチメント理論と共通している）。幼児期の前半は「自律性対恥・疑惑」，後半は「自主性対罪悪感」，そして学童期（児童期）は「勤勉性対劣等感」が形成される時期だとしている。このように児童期は，勤勉性が形成されるか劣等感が形成されるか，極めて重要な時期だというのである。なお，自己意識の発達に関する実証的な研究はあまり多くないのが現状である。

● 自己評価（自尊感情）

自己評価の展開と自己受容

自己についての中心的なテーマは自己評価（self esteem）である。自己評価は，さまざまな能力や性格などの特徴に基づいて，自分が価値のある人間であるかそうでないかについての自分の判断である。したがって，自信や劣等感はそのなかに含められる。自分は価値があり尊い存在だという感情は自尊感情とよばれているが，基本的には自己評価と同じことを指している。

小学生について，学年が上昇するにつれてこのような自尊感情などがどのように変化するのだろうか。その変化の様子が図5-2（古荘，2009）に示されている。これは「生活の質（QOL；Quality of Life）」に関する尺度によって測定されたものである。学年が上昇するにつれて，自尊感情と学校生活の得点が著しく低下しているのがわかる。このような自尊感情の低下は，中学生・

時期＼危機	1	2	3	4	5	6	7	8
Ⅷ 老年期								統合性 対 絶望
Ⅶ 壮年期							生産性 対 自己陶酔	
Ⅵ 成人期						親密 対 孤立		
Ⅴ 思春・青年期					同一性 対 同一性拡散			
Ⅳ 学童期				勤勉性 対 劣等感				
Ⅲ 幼児後期			自主性 対 罪悪感					
Ⅱ 幼児前期		自律性 対 恥・疑惑						
Ⅰ 乳児期	基本的信頼 対 不信							

図5-1　心理・社会的発達段階（Erikson, 1950）

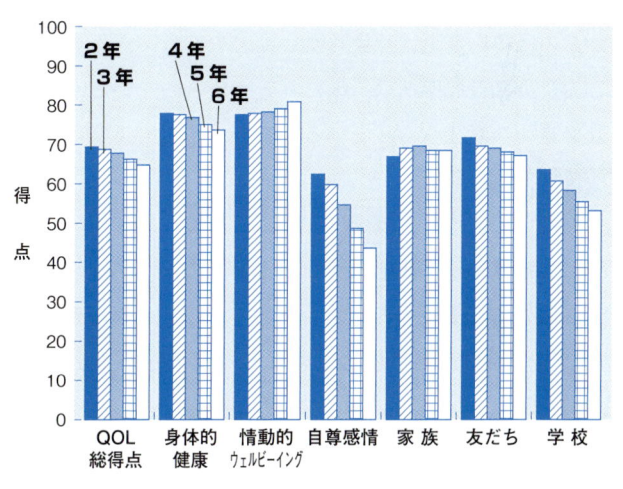

図5-2　小学生の学年別QOL得点と6下位領域得点の平均値（古荘, 2009）

自己評価（自尊感情）

高校生になっても続くが，高校3年生になると上昇に転じている。

　また，この自尊感情について，日本の子どもたちと外国の子どもたちとを比較したところ，日本の子どもたちの自尊感情がきわめて低かった。それは従来「謙虚さ」を尊ぶ日本人の価値観や「他人の目を気にする」日本人の過敏さに由来するのではないかといわれてきた。したがって，質問紙による自己評定では自己抑制が働いて本心とは異なる結果が表現されると説明される。すなわち，学年が上昇するにつれて自尊感情得点が低下するのはその自己抑制の表れだという説明は，部分的には正しいかもしれない。

　しかし，自尊感情はそれ自身で実質的な働きをしている。従来の研究によれば，自尊感情の高い子どもは，情緒が安定し，責任感がある，社会的適応性がある，成績も比較的よく，社会的な規範をよく守る，授業態度がよく，友達関係もよいなどの特徴がみられると指摘されている（古荘，2009）。さらに，失敗に動じない，くじけない，他人の目を気にせず，自分の考えに自信をもち，他人からの説得に簡単には乗らないなどの特徴があるとされている。このように自尊感情は，単に評定の仕方の違いだけではすまされない重要な意味をもっている（Topic）。

自信と劣等感の構造

　子どもたちの自信や劣等感はどのような構造に支えられているだろうか。自信とか劣等感につながる自己の側面にはさまざまなものがあるので，まずその諸側面を明らかにし，それぞれの側面が，子どもの自信や劣等感とどのような関連があるかを調べた（森下，1985）。

　自己の諸側面について予備調査を行い，得られた項目と他の研究者の作成した項目（加藤・高木，1979；山本ほか，1982）を参

Topic 日本の子どもたちの自尊感情が低い理由

　日本の子どもたちの自尊感情の低さは、いったいどこからくるのだろうか。古荘（2009）はその理由を臨床的な経験から次のように指摘している。①親自身の自尊感情が低く、子どもを育てるとき「おまえはだめな子だ」などと否定的なメッセージを送り続ける。②少子化による周囲からの過剰な期待、親自身が生活にぴりぴりしているため子どもに心の居場所がなく親の言動を敏感にとらえたり、あるいは脅迫や非難として受け止めてしまう。③学校でわからない授業を毎日経験することによって生じる無力感や、低い成績評価からくるストレスが大きい。④KY（空気が読めない）と非難されることを恐れて自分自身を自由に表現できない。

　このことと関連して、女子大学生を対象とした研究において、小・中学生時代に母親から肯定的な言葉かけが多かった子どもほど自尊感情が高く、その反対に、否定的な言葉かけや叱責が多かった子どもほど自尊感情が低いという結果が得られた（小南，2010）。これはさらに今後の検討を必要とするテーマである。

　自尊感情とは少し違った次元として、自己受容といわれているものがある。これは、自分自身の長所や欠点をあるがままに受け入れるということである。そして真の意味での自己受容は、あるがままの自分を受け入れてあきらめるというのではなく、むしろそのような自分自身をより高めていこうという意味を含むのだという指摘もある（小嶋・森下，2004）。これはたいへん重要なことであり、生涯にわたる課題であるといえる。

考にして，自己の諸側面として次のような 2 領域 11 側面を仮説的に設定した。それらは，自己の外面的・能力的領域（経済力，容貌，スポーツ能力，知性，趣味特技，他者の評価）・性格の領域（社交性，優しさ，感情の統制，意志の統制，独立性）など計 48 項目であった。

　小学 5 年生，中学 2 年生，大学生を対象に上記の 48 項目と，自信・劣等感・他者のまなざし意識に関する 18 項目（森下・打田, 1984）について，自分にどの程度当てはまるか 5 段階評定を求めた（森下・赤坂, 1985）。自己の諸側面について学年ごとに因子分析を行ったところ，小学生について，外面的・能力的領域については 6 因子が（表 5-1），性格の領域については意味のある 4 因子が得られた（表 5-2）。因子内容について小学生と中学生の結果とを比較すると，外面的・能力的領域に関して小学生の「他者の評価」因子が中学生には「先生の評価」と「友だちの評価」の 2 つに分かれ，中学生では「容貌」因子が他の因子に吸収されてしまった。性格の領域に関しては，中学生では「落着き」因子が消え，新たに「社交性」「独立性」因子が追加されていた。

　自信・劣等感などに関する因子分析結果は，学年を通してほぼ同じような結果であり，それぞれの因子を「自信」「他者意識」「劣等感」の因子と命名した（表 5-3）。それぞれの因子に対応する尺度について学年別に比較すると，自信は中学生が低く，小学生と大学生は高いという結果であり，いずれの学年も男子のほうが女子よりも得点が高かった。それとは対照的に，劣等感は中学生が高く小学生と大学生は低く，また女子のほうが男子より得点が高かった。他者意識は学年差はなかったが，性差があり女子のほうが男子より得点が高かった。

表 5-1　外面的・能力的領域の因子と項目（小学生）(森下，1985)

因子	項目内容	（項目番号）	因子負荷
1. 成績	1. 成績がよい	(3)	.615
	2. 頭がよいほうである	(20)	.601
	3. 先生によくほめられる	(2)	.482
	4. 頭の回転が早い	(16)	.420
	5. 友だちから能力をみとめられている	(11)	.416
	6. 先生から能力をみとめられている	(25)	.380
	7. いろいろなことをよく知っている	(8)	.359
2. スポーツ	1. 体力に自信がある	(1)	.685
	2. 運動神経が発達している	(23)	.685
	3. 得意なスポーツがある	(17)	.510
	4. スポーツマンに見える	(4)	.473
	5. 他の人にできないような特技がある	(24)	.303
3. 経済力	1. 家がお金もちである	(13)	.574
	2. りっぱな家に住んでいる	(10)	.573
	3. お父さんがえらい	(21)	.422
4. 趣味	1. 何か夢中になれるものがある	(9)	.578
	2. 熱中する趣味がある	(18)	.482
5. 容貌	1. 顔が気に入っている	(14)	.535
	2. スタイルに自信がある	(6)	.401
6. 他者の評価	1. 友だちから好かれている	(7)	.443
	2. 先生から好かれている	(15)	.331

表 5-2　性格の領域の因子と項目（小学生）(森下，1985)

因子	整理番号	項目内容	（項目番号）	因子負荷
1. がんばり	1.	がんばりやである	(37)	.622
	2.	根気がある	(26)	.559
	3.	ものごとに一生けんめいとりくむ	(42)	.536
	4.	やる気がある	(47)	.421
2. 自制心欠如	1.	わがままである	(34)	.559
	2.	何かを決めるときは誰かに相談しないとできない	(33)	.551
	3.	他のことが頭にうかんで集中できない	(45)	.508
	4.	できそうにないとすぐあきらめてしまう	(32)	.471
	5.	自分勝手で人の気持ちをあまり考えない	(35)	.363
	6.	困ったときは人にたよる方である	(38)	.344
3. 思いやり	1.	心がやさしい	(30)	−.649
	2.	人に対して思いやりがある	(41)	−.494
4. 落着き	1.	気が短い	(39)	.509
	2.	落ち着きがある	(29)	−.333
5	1.	人前で自分の意見がいえない	(31)	−.543
6	1.	人のいいなりにならない	(46)	.533
7	1.	性格があかるい	(36)	−.553

小学生の自己の諸側面と自信との関連をみるとほとんどすべての側面が自信と相関があった。そのなかでも，特に男女に共通して「成績」「がんばり」尺度との相関が高く，さらに男子は「スポーツ」，女子は「他者の評価」と相関が高かった。一般に，学校の成績がよく，スポーツができ，夢中になれる趣味があり，容貌に自信があり，他者からの評価が高く，家庭の経済力の豊かな者ほど，自信が高かった。特に成績のほかに，男子はスポーツが，女子は他者からの評価が自信と深く関連していた。

　以上のように，小学生の自信を支えるものは，学校の成績がよいこと，スポーツができること，夢中になれるものがあること，容貌に自信があること，友だちや先生からの評価が高いこと，家庭の経済力が高いことであった。

　そして，自信の高い者ほど頑張り屋で自制心があり思いやりが豊かであった。中学生では，自信の高い者ほど頑張り屋で思いやりや社交性が豊かで，さらに男子は「独立心」が旺盛であったが，女子についてはそのような関連はなかった。

　劣等感と自己の諸側面との相関や，重回帰分析の結果は，自信に関するほど関連は高くはなかった。小学生について，学校の成績が悪く，他者の評価の低い者ほど劣等感が強い傾向を示した。さらに女子ではこれ以外にスポーツのできない者，容貌に自信がない者ほど劣等感が強いという傾向を示した。男女ともに，家庭の経済力や熱中する趣味の有無は劣等感と関連がなかった。

　そして，劣等感の強い者ほど，男子では頑張り屋でなく自制心が欠如しており，女子では自制心が欠如しており思いやりがなく落ち着きがないという特徴を示していた（表5-4）。

表 5-3 自信・劣等感・他者意識に関する項目 (森下, 1985)

尺度		項目
自信	1	私は, やる気になれば何でもできると思う。
	2	私は, 可能性にみちた人間だと思う。
	3	私には人よりすぐれた何かがあるという気がする。
	4	私は何かができる人間だとおもう。
	5	私は自分に自信をもっている。
	6	他の人にくらべて能力などがすぐれているとおもう。
劣等感	7	自分をたよりないと思うことがよくある。
	8	私は人より劣っているとおもう。
	9	私は何の役にもたたないつまらない人間とおもう。
	10	私は何をやってもだめな人間だとおもう。
	11	たまらなく自分がいやになるときがある。
	12	私は欠点だらけの人間だとおもう。
他者意識	13	他の人からどんなうわさをされているか気になるほうである。
	14	自分が少しでも人からよく見られたいと思うことが多い。
	15	何かをしようとする時, 他の人が反対するのではないかと心配になる。
	16	何かをするとき, 他の人はどうするか気になるほうである。
	17	人と違うことをすると気になるほうである。
	18	何かをするとき, 他の人が賛成してくれると安心するほうである。

自己評価（自尊感情）

自己強化基準

私たちは，何かをしたとき，その結果について自分自身で何らかの評価をしている。このように自分の個々の行動に関して，自分をほめるか罰を与えるか（＋強化・－強化）判断するとき，その基準を自己強化基準とよんで自己評価とは区別している。したがって，同じ遂行レベルであっても，自己強化基準の高さによって，自己強化の方向は異なる。これに類似したものに要求水準とよばれるものがあり，自分の遂行水準が予想（期待）より高かったか低かったかその判断の水準のことを指している。要求水準は自分の遂行水準が成功か失敗かを判断する基準といえる。

そのような基準の高さによって自己評価や自己強化は影響を受けることになる。そのような基準は，どのような要因に影響されどのようにして形成されるのか。

自己評価の形成に関して，3つの要因が働いているとされている。第一に，周りの人たちの評価や期待である。周りの人の評価，特に子どもにとって大切な人や影響力の大きい人の評価が高い場合は自己評価が高くなり，反対にそのような人からの評価が低い場合は自己評価は低くなる。

第二に，自分の成績や遂行レベルについて周りの人との比較であり，社会的比較過程とよばれている。比較される対象の特性によって影響の仕方は異なるが，自分と同じカテゴリーに属する人たちとの比較が大きな影響を与える。そのような周りの人たちの成績が自分よりもよい場合は自己評価は低く，自分より悪い場合は自己評価は高くなると予想されている。

第三に，モデリングである。周りの人たちの自己評価や自己強化の基準が高いか低いかによって，子どもの基準も影響を受ける。

表 5-4 自信・劣等感と各尺度の相関および重相関係数（小学生）
（森下，1985）

尺度 \ 相関	上段：自信，下段：劣等感			
	男子		女子	
	r	ベクトル	r	ベクトル
1 成績	.58**	.41	.67**	.61
	−.26**	−.32	−.24**	.32
2 スポーツ	.53**	.34	.40**	.10
	−.15	−.04	−.19*	.23
3 経済力	.38**	.17	.32**	−.10
	.06	.41	.05	.52
4 趣味	.29**	−.06	.46**	.21
	−.05	.12	−.06	.11
5 容貌	.37**	.01	.35**	.05
	−.08	.05	−.21*	−.29
6 他者の評価	.43**	−.01	.51**	−.12
	−.28**	−.46	−.18*	−.04
7 がんばり	.58**	.35	.61**	.26
	−.22**	−.12	−.11	.35
8 自制心欠如	−.18*	−.02	−.35**	−.14
	.34**	.64	.40**	.60
9 思いやり	.46**	.05	.44**	.20
	−.13	.09	−.28**	−.34
10 落ち着き	.18*	.11	.14	−.09
	−.13	−.13	−.26**	−.23
重相関	.71		.76	
	.49		.56	

$*p < .05$
$**p < .01$

そこでは周りの人たちの行動や基準のレベルがモデルとなっている。

　日常，子どもの周りにはさまざまな基準をもった仲間がいるが，子どもはどのような自己強化基準をもった仲間をモデルにするであろうか。自己強化基準の高い（自己強化が少ない）モデルと，低い（自己強化が多い）モデルの2人のモデル（HL条件）をみた小学校4年生のモデリング実験について，図 5-3 に研究結果を示している（森下，1991）。日頃の自己評価の高い子どもは自己強化の多い結果を，自己評価の低い子どもは自己強化の少ない結果を示した。したがって，HL条件において，自己評価の高い子どもは自己強化基準の低いモデルへのモデリングが生じ，その反対に自己評価の低い子どもは自己強化基準の高いモデルへのモデリングが生じたと解釈することができる。またこの図から，自己評価の低い子どもは単一のモデル（自己強化基準が中程度のM条件）が示された場合は，そのモデルの影響を強く受けるのではないかと考えることができる。このように，どのようなモデルを選ぶかは子ども自身の特徴が関係していることがわかる。

🌐 自己制御機能

自己制御機能の因子

　自我の働きのなかで，自分の感情や行動を制御する能力は，生涯を生きていく上で重要な機能である。子どもの生きる力の中核に自立心があり，その自立心に深く関与するのが自己制御機能である。自己の目標を実現するために，目の前の欲望や衝動を抑えつつ目的に向かって努力し続けていく力（自己制御能力）が必要だからである。

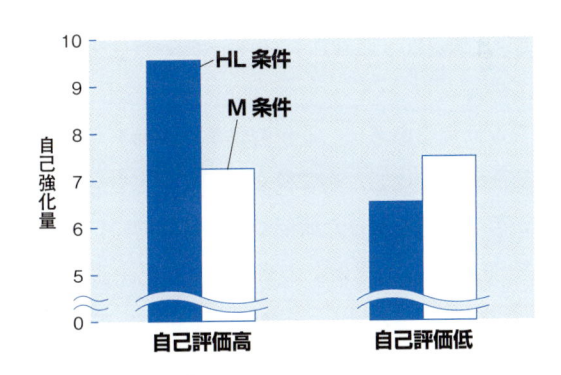

図 5-3　自己強化のモデリング（森下，1991）
HL条件：自己強化基準の高いモデルと低いモデルの両方を示した。
M条件：自己強化基準が中程度の単一のモデルを示した。

従来，自己制御と同じような意味で**自己統制**（セルフコントロール）という用語が用いられてきた（石田，1986；春木，1986；庄司，1996）。しかし，その用語の与える印象や力点は，自己の欲望や衝動を抑える機能におかれているように思われる。

　自己制御は自己抑制と自己主張の2つの機能から成立している。幼児期の研究によれば，自己抑制は「遅延可能性」「制止・ルールへの従順」「フラストレーション耐性」「持続的対処・根気」の4因子からなる（柏木，1988）。さらに，自己主張は「遊びへの積極的参加」「独自性・能動性」「拒否・強い自己主張」の3因子からなっている。

　このような研究を参考にしながら児童や教師を対象に予備調査を行って質問紙を作成し，小学校2,4,6年生を対象としたデータを何度か因子分析を行った研究では，最終的に自己抑制は「協調性・持続性」「自立的忍耐」の2因子，自己主張は「社会的積極性」「正当な要求」の2因子が得られた（矢川，1999）。

　このような研究を参考にして，幼児用の自己抑制と自己主張の尺度を作成した（森下，2000）。自己抑制尺度は「欲求不満耐性」「遅延可能性」「根気」の3因子，自己主張尺度は「正当な要求」「能動性」の2因子からなっている（表5-5，表5-6）。

自己制御機能の発達

　幼児期の自己抑制や自己主張がどのように発達するかについて，担任教師の評定による結果，男女ともに年齢の上昇にともなって，自己抑制は先ほどの4因子とも得点が上昇した（柏木，1988）。さらに一貫して女子のほうが男子よりも自己抑制の得点が高かった。それに対して，自己主張は3歳から4歳5カ月まで急激な上昇を示すが，それ以後はほぼ同一水準を示していた。また，性差

表 5-5　自己抑制の尺度項目 (森下, 2002a)

	項　目
1.	先生や友だちの話を終わりまでしっかりと聞く。
2.	面白くなくても，終わりまでだまって人の話を聞く。
3.	「してはいけない」といわれたことは，しない。
4.	人のものを勝手にさわったり，使ったりしない。
5.	先生が話している時，退屈するとよそ見をしたり手遊びをする。*
6.	自分の使いたい遊び道具を，かわりばんこに使える。
7.	遊びの時，自分の順番がくるまで待てる。
8.	「あとにしなさい」といわれれば，待てる。
9.	欲しいものがすぐ手に入らなくても，がまんできる。
10.	遊んでいるとき，きちんとルールを守れる。
11.	難しいことでも，あきらめずにやる。
12.	ちょっと失敗したりうまくいかないと，すぐあきらめる。*
13.	時間がかかっても，最後までがんばる。
14.	けがをしたり，少しぐらい血が出たりしても泣かない。
15.	やりたくないことでも，やらないといけないときはやる。

*逆転項目

表 5-6　自己主張の尺度項目 (森下, 2002a)

	項　目
1.	遊んでいるとき，ずるいことをした子に「だめ」という。
2.	友だちにいじわるされたり，いやなことをいわれたとき「やめて」という。
3.	自分の席に座っている子にのいて欲しいとき，「のいて」という。
4.	ひどい悪口を言われたり，からかわれたとき怒る。
5.	いやなことは，はっきり「いや」という。
6.	自分の番に誰かが割り込んできたとき，「順番を抜かさないで」という。
7.	自分のものをとられたとき「かえして」という。
8.	自分の思ったことを，みんなの前でなかなか口に出していえない。*
9.	人に聞かれたら，はきはき答える。
10.	いやなことを言われたりされたりしたとき，泣いたりだまってしまったりする。*
11.	進んで手をあげて発表する。
12.	他の人と意見がちがっていても，自分の意見を言う。
13.	入りたい遊びに，自分から「いれて」という。
14.	してほしいこと，欲しいものをはっきり大人に頼む。

*逆転項目

自己制御機能

については，4歳前後では自己主張のいずれの因子も女子のほうが男子よりも得点が高かった。

　森下（2002a）によれば，担任教師の評定について横断的研究の結果，自己抑制は男女ともに年中から年長にかけて発達することを示していた。しかし，半年後の評定に基づく縦断的研究の結果は，年少，年中の時期に自己抑制は発達するが，年長の時期には発達がみられなかった（図5-4）。したがって，両方の結果を総合すると，年長児の自己抑制の高さは，年少・年中の時期の発達の積み重ねによると考えられる。因子レベルでみても，自己抑制の2つの因子（「我慢因子」と「頑張り因子」）はどちらも同じように発達していることが明らかとなった。

　自己主張について，横断的データの結果は3歳以後は発達しないことを示していた。しかし，縦断的データでは，自己主張は3歳以後も発達していた。因子レベルにおいても，2つの因子（「正当な要求」と「自主性」）も同じように発達に関与していた。したがって，縦断的データを重視する必要があることがわかった。

　児童期について，教師評定についての研究では，学年が進むにつれて自己統制（制御）が増加すること，一貫して女子のほうが男子よりも得点が高いという結果であった（塚本，1988）。それに対して，児童自身の評定についての研究では，女子のほうが男子より自己統制の得点が高いという点では一致していたが，学年とともに得点が低下するという点で異なっていた（庄司，1996；矢川，1999）。他方，このような結果は，単に子どもたち自身がそのように認知しているというだけでなく，今日の子どもたちに関する教師の観察結果とも一致しているという指摘もある（矢川，1999）。

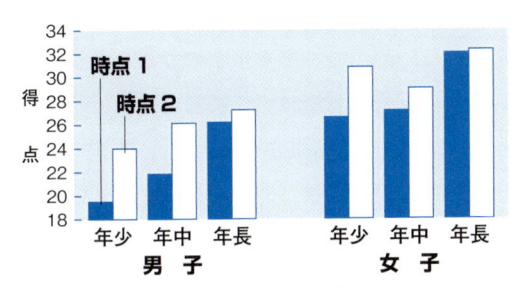

図 5-4　園での自己抑制の変化（森下，2002a）

このように，自己制御は自己抑制機能と自己主張（自己表現）機能の二側面からなり，両方がバランスよく発達することが重要である。それは外から行動が制御される段階から，自らの意志によって行動を制御する段階へと発達する。すなわち他律から自律への発達である。そのためには強い自我が育っていなければならない。しかし，児童期において学年の上昇とともに自己制御機能が本当に低下するとすれば，それは重大な問題である。この点は今後の重要な課題となるであろう。

家庭と園における自己制御のパターン

子どもの自己制御の特徴は，家庭と幼稚園（保育園）や学校という場面を越えて一貫した特徴を示すのであろうか。家庭での特徴は母親の評定，園での特徴は担任教師の評定に基づいて検討した結果，図 5-5 のような結果が得られた（森下，2002b）。全体として，自己抑制と自己主張に関してそれぞれ幼児の行動パターンの出現率は類似していた。すなわち，家庭でも園でもともに得点が高い群（HH 群）と低い群（LL 群），つまり家庭と園で行動が一致するパターンはそれぞれ約 30％，一致しないパターン（HL 群と LH 群）はそれぞれ約 20％であった。このように家庭と園で一致するパターンの子どものほうが多いが，約 40％の子どもは一致しなかった。

年齢の変化につれて行動パターンがどのように変化するかについて詳細に検討した結果，自己抑制に関して，年少，年中児はほぼ男女ともに家庭と園での行動パターンが一致するもの（HH 群，LL 群）が比較的多かった。つまり，年少の子どもでは家庭での自己抑制の特徴がそのまま園でも出現すると考えられる。

自己主張に関して，家庭と園での行動の特徴が一致するパター

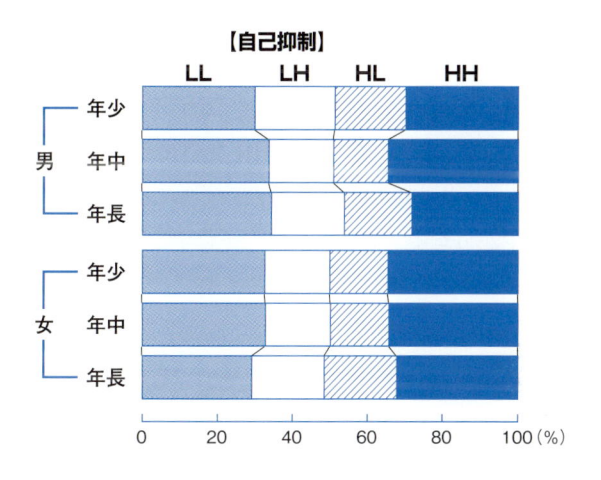

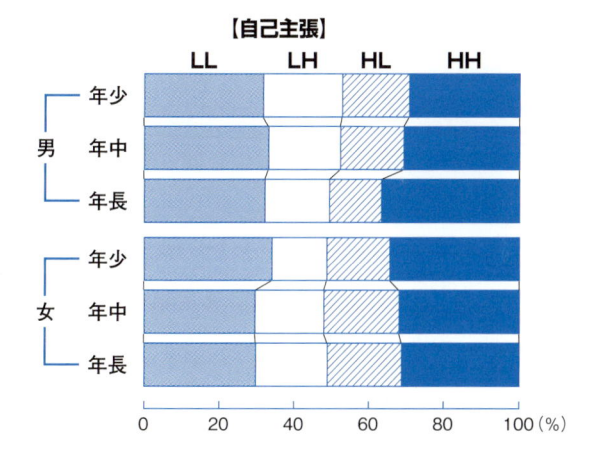

図 5-5 男女別，年齢別の 4 パターンの出現率 (森下, 2002b)
HH：家庭でも園でもともに得点が高い群。
HL：得点が家庭では高く園では低い群。
LH：得点が家庭では低く園では高い群。
LL ：家庭でも園でもともに得点が低い群。

ンは，男子の場合は年少・年中から年長にかけて上昇していた。その内容は年長になると家庭で自己主張得点の高い子どもは園でも自己主張得点が高いというパターン（HH群）が多いということを反映していた。そして，このHH群の出現率は男子のほうが女子よりも多いという結果であった。それとは対照的に女子の場合は，年少から年中・年長にかけて一致するパターンの子どもは少なくなっていた。それとは反対に，特に年少女子の場合，一致パターンが多いのが特徴であった。

このように，年長になるにつれて男子では自己主張の一致パターンが増加し女子では減少するという結果は，わが国の社会的文化的な特徴を反映しているのかもしれない。つまり，一般に男子には自己主張が期待され女子には自己主張が期待されないという，伝統的な価値感が影響している可能性がある。

自己抑制パターンと思いやり，攻撃性，親子関係

上記のような自己制御パターンの4群（HH，HL，LH，LL群）と，思いやりや攻撃性との関連について分析を続けると，次のようなことが明らかとなった（図5-6）。家庭でも園でも自己抑制の高い子ども（HH群）は，男女ともに思いやりが高く攻撃性が低かった。このような男子の母親は，受容的で矛盾が少なく，また父親も受容的でリーダーシップがあった。同じように女子の場合もHH群の母親は受容的で統制が緩く，父親も受容的であった。したがって，このように受容的で矛盾の少ないおだやかな両親との親子関係のなかで，安定した自己抑制や思いやりが育ち，攻撃性が抑制されると考えられる。

それとは対照的に，家庭でも園でも自己抑制が低い子ども（LL群）は，男女ともに家庭でも園でも思いやりが低く攻撃性が高か

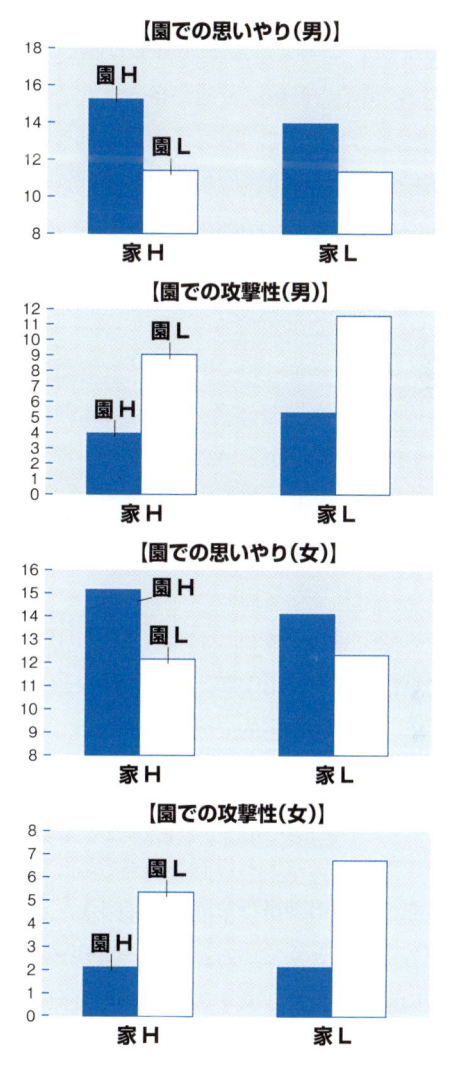

図 5-6　自己抑制パターンと思いやり，攻撃性 (森下, 2001)
H：自己抑制が高い。L：自己抑制が低い。

った。特にLL群の男子は園での攻撃性が極めて高いという特徴があった（図5-6）。このような子どもの母親と父親はともに拒否的であり，特に男子の母親は矛盾が多く，女子の母親は非常に統制的であった。したがって，拒否的な両親，さらに矛盾や統制の強い母親の下で子どもは自己抑制や思いやりを形成できず，親子関係から生じる強いストレスやフラストレーションが，家庭や園という場面を越えた攻撃性，特に園での強い攻撃性を生じさせると考えられる。

　行動パターンが一致しない群では次のような結果であった。自己抑制が家庭では低いが園では高い女子（LH群）の場合，家庭では思いやりが低く攻撃性が高いのに対して，園ではその反対に思いやりが高く攻撃性が低かった。この群では母親は拒否的であり，そのことが家庭での子どもの思いやりの低さや攻撃性の高さに関連しているのかもしれない。

　自己抑制が家庭では高いが園では低い男子（HL群）の場合，思いやりや攻撃性についてLH群とは対照的な結果であった。そしてこの群では，父親は受容的で矛盾が少なくリーダーシップがあった。このような父親の存在が，家庭での子どもの自己抑制や思いやりの高さ，攻撃性の少なさに影響しているのかもしれない。

　このように，子どもに対する母親と父親の態度が一致している場合は，子どもの行動の特徴は家庭でも園でも一致していると考えられる。他方，家庭と園での行動パターンが一致しない子どもの場合，母親の態度の特徴が女子の家庭での特徴に，父親の態度の特徴が男子の家庭での特徴に影響していると考えられる。

　なお，母親と父親の矛盾がどのように自己抑制・自己主張・攻撃性に影響を与えるかについては図5-7の通りである。

【自己抑制】

【自己主張】

【攻撃性】

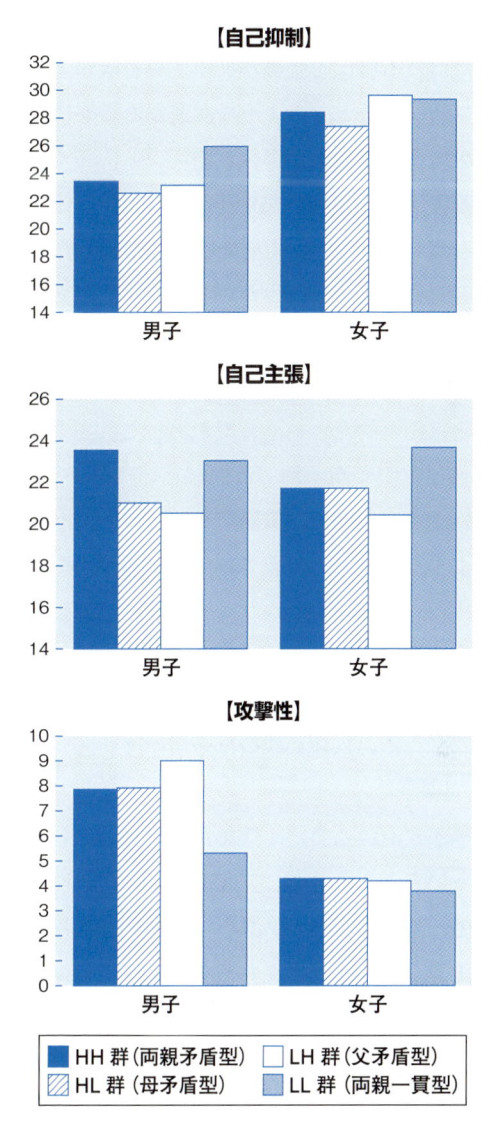

■ HH 群（両親矛盾型）　□ LH 群（父矛盾型）
▨ HL 群（母矛盾型）　■ LL 群（両親一貫型）

図 5-7　母親・父親の矛盾と自己抑制，自己主張，攻撃性（森下，2001）

自己主張のパターンと思いやり，攻撃性，親子関係

　家庭や園における自己主張のパターンの特徴が，思いやりや攻撃性，そして親子関係とどのような関連があるかについて分析したところ，次のような結果が得られた。

　家庭でも園でも自己主張の高い男子（HH群）は，どちらの場面においても思いやりが豊かだという特徴があり，そのような男子の母親は養育態度に矛盾が少ないという特徴があった。

　それとは対照的な男子（LL群）は，いずれの場面においても思いやりが低いという特徴があり，そのような男子の母親は矛盾が多く，父親は拒否的だという特徴があった。

　家庭では自己主張が高く園では低いという男子（HL群）は，家庭では思いやりが豊かだが家庭では乏しいという特徴があった。また，そのような子どもの母親の特徴は矛盾が少なく，父親は受容的で，LL群とは対照的であった。

　家庭では自己主張が低く園では高いという男子（LH群）の特徴は，園での思いやりが豊かだが，攻撃性が非常に高いという特徴があった。またその母親の特徴は矛盾が多いという結果であった。

　以上，各場面における自己主張の高さは思いやりの高さと関連しているようにみえる。さらに，家庭における自己主張の高さは母親の態度の一貫性の高さが，自己主張の低さは母親の態度の矛盾の多さが関連していると考えられる。

親子関係のパターンと自己制御

　すでにみてきたように母親と父親の態度の個々の特徴が，子どもの自己制御の発達に影響しているだけでなく，母親と父親の態度の組合せ（**態度パターン**）の特徴が子どもの自己制御の発達に

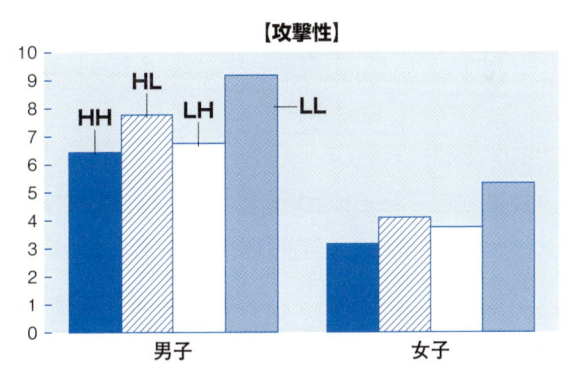

図 5-8 母親・父親の受容と攻撃性 (森下, 2001)
HH：母父受容型。
HL ：母受容・父拒否型。
LH ：母拒否・父受容型。
LL ：母父拒否型。

影響しているようである。そこで、このような角度から分析した結果、次のようなことが推定された（森下，2001；図 5-8）。

　母親と父親がともに受容的な場合（HH 群（母父受容型））、女子の自己抑制が発達し、その反対に母親と父親がともに拒否的な場合（LL 群（母父拒否型））、自己抑制が発達しなかった。さらに母父拒否型の場合、男女ともに強い攻撃性が形成される可能性があった。このように、受容―拒否の態度次元に関しては両親の一致した態度が女子の自己抑制の発達に影響していた。さらに両親が共に拒否的だということが男女の攻撃性の形成に影響していた。

　統制的態度次元については、母親の統制が強く父親の統制が弱い場合（母統制型）、男子は強い自己主張と強い攻撃性を形成し、女子は強い攻撃性を形成する可能性がある。その反対に母親の統制が弱く父親の統制が強い場合（父統制型）、男子の思いやりが育たない可能性がある。母親も父親も統制が緩やかな場合（母父非統制型）、男子の自己主張は発達しないが、女子の自己抑制が発達する。このように、統制―自律性尊重の態度次元に関しては、母親だけが統制的、あるいは父親だけが統制的というパターンが男女の攻撃性や思いやりの形成に影響するという点が特徴的であった。

　矛盾――一貫性という態度次元に関しては、両親がともに矛盾が少なく態度に一貫性がみられる場合、男子は自己抑制も自己主張も発達し、攻撃性が形成されないと考えられる。

　リーダーシップに関しては図 5-9 の通りである。母親も父親も自分自身がリーダーシップをもっているという場合（HH 群（母父リーダー型））、男子の自己抑制も自己主張もさらに思いや

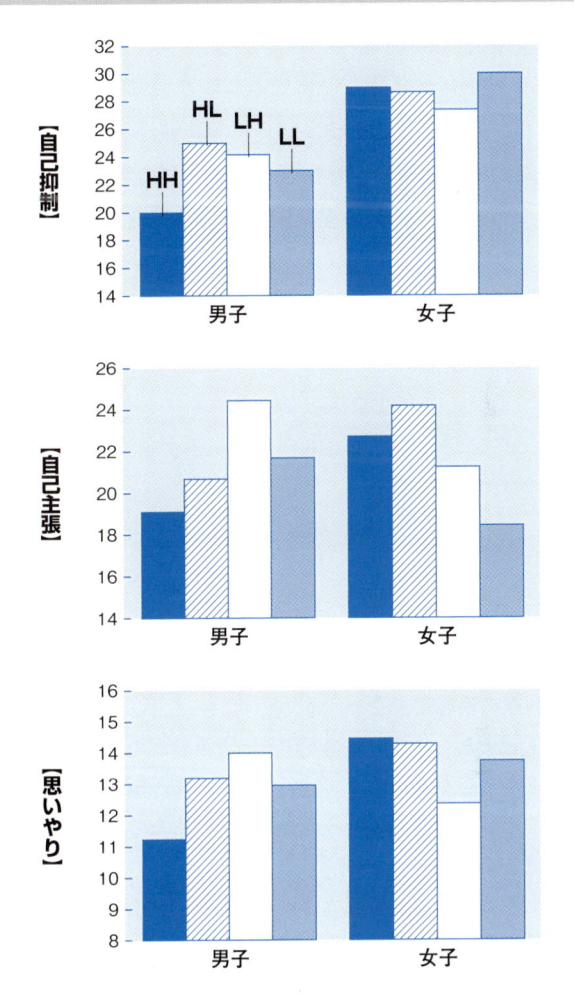

図 5-9 母親・父親のリーダーシップと自己抑制，自己主張，思いやり
　　　（森下，2001）
HH：母父リーダー型。
HL：母親リーダー型。
LH：父親リーダー型。
LL ：母父非リーダー型。

りも発達しない可能性があった。それに対して，父親のほうが母親よりリーダーシップをもっているという場合（LH群（父親リーダー型）），男子は自己主張と思いやりが発達するようである。それとは対照的に，女子では父親リーダー型の場合には思いやりが発達せず，母親リーダー型（HL群）の場合に自己主張が発達するようである。

このように自己主張の発達は，男子では父親がリーダーシップをもっている場合，女子では母親がリーダーシップをもっている場合にみられる。したがって，リーダーシップをもつ同性の親へのモデリングを通じて，子どもの自己主張が発達するのではないかと考えられる。

参考図書

古荘純一（2009）．日本の子どもの自尊感情はなぜ低いのか――児童精神科医の現場報告――　光文社

日本の子どもたちの自尊感情が学年とともにどのように変化するか，日本の子どもの自尊感情がなぜ低いかについて，調査データを示しながら臨床的経験から論じている。そして子どもたちへのサポートのあり方を提言している。

柏木惠子（1988）．幼児期における「自己」の発達――行動の自己制御機能を中心に――　東京大学出版会

幼児期の子どもについて自己制御（自己主張と自己抑制）の問題を，我が国で本格的に取り上げた最初の本。自己制御の因子を検討しながら，その発達の様相を明らかにしている。

思いやりの形成 6

　思いやりのある子どもに育ってほしいというのが、多くの親の願いである。では、思いやりはどのように形成されるのであろうか。これがこの章の中心課題である。

　思いやりを育てるためには、命の大切さや思いやりの大切さを教えなければならないという主張はその通りであろう。しかし、それだけでは十分でない。それでは他に何が必要なのだろうか。

　まず、思いやりとは何なのか、また共感性とはどういうことか、思いやりの動機にはどのようなものがあるか、等について知る必要があるだろう。本章ではさらに、親子関係が子どもの思いやりの形成にどのような影響を与えるか、思いやりはどのようなメカニズムで形成されるかについて検討しながら、思いやり形成の条件について考えることとする。

🔵 思いやりと思いやり行動

　日常使われる「思いやり」という言葉は，一般に優しい心や気持ちをさしているが，時には優しい行動を含んで使われることが多い。前者の優しい心や気持ちについては，心理学では共感性（empathy）という用語がもっとも近い。

　共感性というのは，状況や他者の気持ちを理解したうえで，他者と同じような喜びや悲しみなどの情動的反応を経験することをさしている。前者は共感性の認知面，後者は感情面（情動面）を表すものとして一応分けられている（Davis, 1983；澤田, 1992。Topic 参照）。

　共感性の認知面にポイントをおいた研究では，他者や自己の情動の認知の正確さに重点をおいている（Hughes et al., 1981）。それに対して，情動面にポイントをおいた研究では，血圧や心拍数の変化などの生理的プロセスに注目したり（Krebs, 1975），あるいは顔の表情の分析を行っている（首藤, 1985）。

🔵 思いやり行動の発達

　思いやり判断がどのように発達するかについて，アイゼンバーグの発達段階説が有名である。ある程度の損失や犠牲が伴うような例話に関して，子どもに対して「主人公はどうすべきか」と問い，さらに「なぜそうすべきか」と理由を聞き，分析した。小学生は学年が上がるとともにレベル 1, 2, 3, 4a へと発達する。レベル 1 では，思いやり行動は他者を助けることが自分にとって得かどうかに基づいて判断される。これは就学前の子どもや小学校低学年の子どもに特徴的な水準である。レベル 2 では他者の要求に関心を向け判断される。レベル 3 は単純に良い人悪い人，良い

Topic 思いやり行動と向社会的行動

　一般に思いやりが行動として表現された場合，心理学では**向社会的行動**（prosocial behavior）という用語でよんでいる。向社会的行動は，自分の自主的な意志に基づく行動で，報酬を目的とせず，ある程度の犠牲を伴うが他の人のためになる行動だと定義されている（菊池，1984）。具体的には，分与，寄付，協同，同情，共感，援助，親切，寛容などが含まれている（高木，1982）。このなかには，人を助ける**援助行動**（helping behavior）や，愛他心に基づいてなされる**愛他行動**（altruistic behavior）が含まれる（中村・高木，1987）。

　日常使われる思いやりという言葉は以上のような多義的な意味を含むので，ここでは思いやりの心や気持ちを「共感性」とよぶ。他方，思いやりの行動的な側面は向社会的行動とよばれるものであるが，なじみにくい用語であるので。ここでは「思いやり行動」とよぶことにする。

行動悪い行動，他者の承認が得られるかどうかに基づいて判断される。レベル4aでは内省を伴った共感性に基づいて判断され，小学生高学年，中学生，高校生の特徴である。これをまとめると表6-1のようになる。

どのような要因によって思いやり行動（向社会的行動）が生じるかについて，年齢や性別，パーソナリティや動機などの個人要因と，他者の存在やその場の雰囲気などの状況要因が関連している。個人要因としてさらに情緒的要因（共感性，個人的苦悩），認知的要因（視点取得，帰属過程（統制可能か不可能か）），社会的スキルなどの要因について研究されている。

菊池（1984）も同じように，思いやり行動が生じるプロセスとして，状況の認知（気づき）からはじまって意志決定にいたる過程を媒介する要因として，向社会的判断と共感性，役割取得能力をあげている。そして，共感性については次の3つの側面を区別することができるとしている。すなわち，相手の情動の状態を弁別してそれに命名する能力，相手の考えや役割を予想するというより高度な認知能力（役割取得能力），相手と同じ情動を共有する能力であって，すべて発達的に変化する。

🔵 共感性と思いやり行動

共感性が思いやり行動を動機づけると多くの研究が指摘してきた（Hoffman, 1963；高野, 1982）。しかし，外国の研究をよく調べてみると，幼児・児童の場合は，思いやり行動におよぼす共感性の効果はそれほど明確ではない。たとえば，両者の間には関連がないとする研究（Levine & Hoffman, 1975）や負の関連があるという研究（Eisenberg-Berg & Lennon, 1980），男子にのみ正

表6-1　向社会的な判断の水準 (Eisenberg, 1986；杉山, 1992)

レベル1　快楽主義的で自己焦点的 (self-focused) な志向
道徳的な配慮よりも自己志向的 (self-oriented) な結果に関心がある。他者を助けるか助けないかの理由は，そこから直接自分に得るものがあるかどうか，将来お返しがあるかどうか，（感情的な結びつきのために）自分が必要としたり好きだったりする相手かどうかに関係している。
（おおよその該当年齢は小学校入学前児と小学校低学年生）

レベル2　要求に方向づけられた志向
たとえ他者の要求が自分の要求と相いれなくても，他者の身体的，物質的，心理的な要求に関心を寄せる。この関心は，自己内省的な役割取得，同情の言語的表明や罪悪感のような内面化された感情への言及などの明確な指摘なしに，ごく単純なことばで表現される。
（小学校入学前児と多くの小学生）

レベル3　承認と対人的志向と，紋切り型の志向
良い人悪い人，良い行動悪い行動についての紋切り型のイメージと，他者の承認や受容を考慮することの両方か一方が，向社会的行動をするかどうかを正当化するのに用いられる。
（小学生の一部と中学・高校生）

レベル4a　自己内省的 (self-reflective) な共感志向
判断は，自己内省的な同情的反応や役割取得，他者の人間性への配慮と，行為の結果についての罪悪感やポジティブな感情の両方か一方が含まれている。
（小学校高学年生の少数と多数の中学・高校生）

レベル4b　移行段階
援助するかしないかの理由は，内面化された価値，規範，義務あるいは責任に関係し，より豊かな社会の条件，他者の権利や尊厳を守る必要性について言及している。しかし，これらの考えは明確に強く述べられているわけではない。
（中学・高校生の少数とそれ以上の年齢の人）

レベル5　強く内面化された段階
援助するかしないかの理由は，内面化された価値や規範，責任，個人的および社会的に契約した義務を守ったり，社会の条件を改善すること。皆の尊厳，権利および平等についての信念などにもとづいている。自分自信の価値や受容した規範に恥じない行動をすることによって，肯定的否定的な感情が自尊心を保つこととかかわるのも，この段階の特徴である。
（中学・高校生のごく少数だけで，小学生には全く認められない）

の関連があるとする研究（Eisenberg-Berg & Mussen, 1978）など，結果はさまざまである。

わが国の研究について，児童に関して，自己評定によって共感性を測定し，他方で仲間からの評定によって思いやり行動の程度を測定している。その結果，共感性と思いやり行動との間には低い相関しかみられなかった（桜井，1986）。また表情の分析によって児童の共感性を測定し，分与行動との関係を調べた研究では，共感性の高い子どもと低い子どもとの間には明確は有意差はなかった（首藤，1985）。

このように，幼児・児童に関しては，共感性を認知の側面から測定しても感情の側面から測定しても，思いやり行動との間には一貫性のある明確な結果が得られていない（Radke-Yarrow et al., 1983）。したがって，幼児・児童の場合は，共感性は直接的に思いやり行動を規定するほど強い要因とはなっていない。

森下（1990a）は，自分の子どもの共感性について母親に評定を求め，その幼児に対して実際に援助が要請されている状況を設定した。その結果，「悲しい物語や映画を見ていると，つい泣いてしまうことがある」などのような「感受性」は実際の援助行動や援助行動のモデリングに対して効果をもたなかった（図6-1）。つまり，共感性の情動的側面が豊かであると考えられる「感受性」の高い子どものなかには，他者に対する援助が必要だという状況にもかかわらずそのことに気づいていない子どもや，状況の認知が成立しない子どもが多くいたのである。それに対して，図6-2のように，日頃，友だちやきょうだいが元気のないとき，慰めたりするような「いたわり」や援助行動を多く示している子どもは，援助モデルを見た場合も見ない場合も，実験場面で援助行

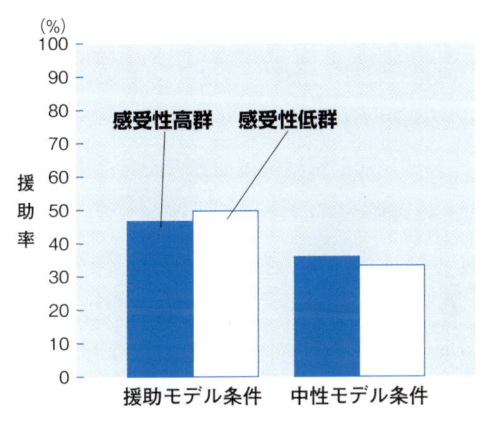

図 6-1 感受性と援助行動 (森下, 1990a)

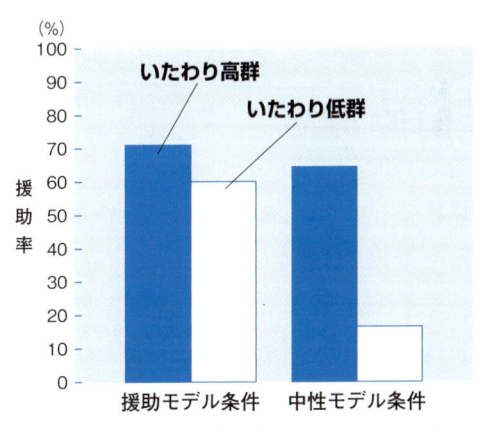

図 6-2 いたわりと援助行動 (森下, 1990a)

共感性と思いやり行動

動が多く生じたのである。

　現在では，すでに述べてきたように共感性には状況に関する認知とそれに伴う情動が関与しているとされる（Mussen & Eisenberg-Berg, 1980；菊池, 1984）。しかし，従来の研究では2つの側面の機能についての検討が不十分であった。

　そこで，認知的側面と情動的側面との両方を備えた者がもっとも多く思いやり行動を遂行するだろうという仮説を検討した（森下，1996a）。小学4年生を対象として検討した結果，女子についてのみ共感性の認知的側面と情動的側面の両方の得点が高い群がもっとも思いやり行動が多かった。また，情動得点が高くて認知得点の低い者はいじめられている主人公に対して否定的態度を示す者が多かった。つまり，認知的側面が低い場合，情動的側面の強さは状況からひきおこされる自己の情動に焦点化してしまい，相手の立場や状況を理解できないという可能性があることがわかった（p.125 Topic 参照）。

🌀 思いやり行動の動機

　思いやり行動に影響する要因は共感性だけではない。思いやり行動が生じるにはそのプロセスを経ることになるが，出発点として表6-2のような促進動機が作用している（森下・西村，1997）。さらに，思いやり行動が生じるかどうかは単に促進動機だけではなく，それを抑制する動機（表6-3）にも注目する必要がある。思いやり行動が生じるどうかはこの促進動機と抑制動機の相互作用の結果だと考えられる。ここにあげたのは大学生の動機因子であるので，児童の動機の詳細については改めて検討する必要がある。

表6-2 援助行動の促進動機項目（森下・西村，1997）

	整理番号	項目内容
愛他心	1.	何かしてあげたいと思うから
	2.	素直に助けてあげたいと思うから
	3.	困っている人の気持ちを考えるとそうしてあげたい気持ちになるから
	4.	自分にできる限りのことはやりたいという気持ちから
	5.	少しでも人のためになればよいという気持ちから
社会的承認	6.	善行をしたことによる自尊心が得られるから
	7.	やらないと後でとやかく非難されそうだから
	8.	いい人になりたいという気持ちから
	9.	見返りを期待するから
	10.	感謝されたいから
道徳観	11.	社会的良識だから
	12.	道徳的にそうすべきだから
	13.	人間としての義務だから
	14.	社会的に必要だから
	15.	お互いに社会のみんなが協力すべきだから
親密さ	16.	相手が自分のよく知っている人だから
	17.	相手が友人だから
	18.	以前自分がしてもらってうれしかったから
	19.	相手が顔見知りの人だから
	20.	自分がそうしてもらうこともあるから
共感	21.	かわいそうだと思うから
	22.	みるからに困っていそうだから
	23.	その人が哀れだから
	24.	その人を気の毒に思うから
	25.	誰もしないから
良心	26.	何もせずに見過ごしたら心のどこかに何かがひっかかるから
	27.	やらないで後悔したくないから
	28.	やらないと自責の念にかられるから
	29.	見て見ぬふりをするよりも楽だから
	30.	見過ごすのは良心が痛むから
無意識	31.	何となく
	32.	よく考えないで
	33.	ついやりたくなるから
	34.	無意識に
	35.	心に余裕があるから

🌐 親の態度と思いやり行動

　思いやり行動の形成には，親子関係の特徴が関連している。1〜2歳児を対象とした研究では，プレイルームにおいて他の人と協調的な子どもの母親ほど暖かい口調や優しい手助けが多かった。また，情愛のこもった説明や共感的な世話を多く示す母親の子どもほど，自己の償いをしたり困っている人に対してより愛他的であった（Londerville & Main, 1981）。さらに，幼稚園で思いやりがあると評定された男児は，父親を暖かくて愛情深いと認知していた（Rutherford & Mussen, 1968）。

　児童を対象にした研究でも，親の愛情が豊かな子どもほど思いやりも豊かであった（Hoffman, 1963）。また，一般に報酬を好んで用いる母親の子どものほうが思いやりが豊かでなかった（Fabes et al., 1989）。さらに，報酬はその場での援助行動を高めるが，報酬のない場面では，報酬を好んで用いる母親の子どもは援助行動が減少することが明らかとなった。このように，報酬に対する子どもの反応はそれまでの報酬経験の特徴の影響を受け，場合によって報酬は子どもの自主的な思いやり行動を妨げるということが示唆されている。

　わが国の研究において，5歳児を対象にして，かわいそうな子どもへお菓子の寄付を求めた研究（田淵・田中, 1979）において，お菓子7個のうち4個以上寄付をした子どもの母親と，3個以下を寄付した子どもの母親とを比較した。その結果，4個以上寄付した子どもの母親のほうが愛他的であったということが明らかとなった。

　また，保育園児と小学3, 6年生を対象とした研究（佐藤, 1982）では，親の誘導的しつけ（inductive discipline）は子ども

表 6-3 援助行動の抑制動機項目 (森下, 1997)

	整理番号	項目内容
利己心	1.	自分が困っていたとき誰も助けてくれなかったから
	2.	助けるのは割にあわないと思うから
	3.	他人のことなどどうでもいいから
	4.	自分は自分，他人は他人と割り切っているから
	5.	なぜ他人のために自分を犠牲にしなければならないのかと思うから
配慮	6.	その人のプライドを傷つけることになるかもしれないから
	7.	よけいなお世話かもしれないから
	8.	かえって気をつかわせてしまいそうだから
	9.	相手のことを考えれば，むやみに助ければよいというものではないから
	10.	周囲から目立ちたくないから
他者意識	11.	人の目が気になるから
	12.	照れがあるから
	13.	人にみられているのが嫌だから
	14.	助けた後で，誰かからひやかされるのが嫌だから
	15.	ありがた迷惑だと思われるかもしれないから
何となく	16.	無意識に
	17.	なんとなく
	18.	よく考えないで
	19.	そういうことに無関心だから
	20.	面倒だから
余裕のなさ	21.	疲れているから
	22.	他人のことを気にするだけの余裕が自分にないから
	23.	気がすすまないから
	24.	自分のことで手一杯だから
	25.	助けがなくてもそれなりにやっていけると思うから
自信のなさ	26.	何をどうしたらいいのかわからないから
	27.	自分にはその人を助ける能力がないから
	28.	タイミングを失ったから
	29.	助ける内容が一苦労しそうなことだから
	30.	自分がしなくても他の大勢の人がするといいと思うから

親の態度と思いやり行動

の愛他性に対して促進効果があった。さらに，小学3年生では親の寛容的・許容的態度が高ければ高いほど，子どもの愛他性は高かった。

　以上の結果は全体として，親の愛情や優しい態度・行動が，子どもの愛他性や思いやり行動の形成にプラスの影響を与えるということを示唆している。また，愛他行動の形成には，親の養育ストラテジー（方略）が関係しており，力中心のストラテジーよりも，説明的誘導的ストラテジーのほうが効果的だと考えられている（Hoffman, 1960）。さらに，母親の愛他的な養育行動自身が，子どもにとってモデル行動となっている可能性もある。

　しかし，ホフマン（1963）の研究では，3歳児の母親の愛情と，子どもの思いやり行動との間には関連がなかった。また，10〜13歳の子どもを対象にした研究では，親の愛情と子どもの思いやりとの関連は，社会階層や子どもの性別によって異なっていた（Hoffman & Saltzstein, 1967）。

　また，幼稚園児とその母親を対象とした研究（川島，1979）では，報酬としてもらった10枚のキャンディカードのうち，かわいそうな子どもに対して，6枚以上を寄付した子ども（愛他的）と，3枚以下の寄付をした子ども（非愛他的）の母親の態度を比較している。しつけの厳しさや話しかけの多さなどの10項目の態度に関して，1つも有意差が認められなかった。この結果は，日頃の養育態度は必ずしも子どもの援助行動に影響するとはいえないということを示している。

　以上のように，親の愛情や愛他的な態度は子どもの思いやり行動に対して促進的効果をもつという研究が多いが，それを支持しない研究結果もある。しかし，愛他的な態度が思いやり行動を抑

Topic 共感性と原因帰属

　幼児を対象に，自然場面やさまざまな課題場面での観察，教師の評定などいろいろな角度から，思いやり行動，視点取得，共感性について測定し分析した結果，共感性と思いやり行動との関連は，測度の種類によって異なっており一貫性がなかったと指摘されている（Iannotti, 1985）。しかし，子どもたちは仲間の要求や感情に対する感受性があり，これが自然状況での思いやり行動を媒介している可能性があることもわかった。

　そこで，このような共感性の効果には，**原因帰属**が関係しているという（渡辺・衛藤，1990）。小学生について，統制不可能な条件（身寄りのない貧しいおばあさんへの援助）では共感性の効果があるが，統制可能な条件（お金を無駄使いをするおばあさんへの援助）では共感性の効果には有意差がなかった。つまり，共感性の高い子どもは統制不可能であったと予測した場合は同情の感情を，統制可能であったと予測した場合には怒りの感情を強く抱くことになる。逆に，共感性の低い子どもは統制可能性の次元まで推測せず，他者が苦しいという最初の認知に基づいて思いやり行動が行われる。したがって，共感性の高い子どもほど，統制不可能条件における援助量と，統制可能条件における援助量との差が大きいというのである。共感性の効果を規定する要因として，原因帰属を導入した点に意義がある。

制するという結果はない。したがって、親の愛情や愛他的な態度のなかで、親子の間でどのような相互作用が行われているかを明らかにする必要があるだろう（p.125 Topic 参照）。

🔵 思いやり行動のモデリング

　先にも述べたように、従来の多くの研究において、親の愛情や優しい態度・行動が、子どもの思いやり行動の発達にプラスの影響を与えるということが示唆されていた。そこには、親の愛他的な養育行動自身が子どもにとってのモデル行動になっていると考えられる。

　育児書として有名なノルトとハリスの本（『子どもが育つ魔法の言葉』(1999)）も、主としてこのモデリングの視点から書かれている。「子は親の鏡」（図 6-3）という詩は、幼児期の子育てにおいて、親が子どものモデルとなっている様子をうたったすばらしい詩である。また、十代の子どもをもつ親を対象とした本（『10代の子どもが育つ魔法の言葉』(2004)）でも、彼女たちは次のように指摘している。「好き勝手にさせると、子どもは人の気持ちに鈍感になる」、つまり甘やかしの態度は共感性を育てないという。その反対に、「ひとりの人間として大切にされれば、子どもは思いやりのある人間になる」「愛してあげれば、子どもは人を愛することを学ぶ」というように、子どもが大切に育てられるかどうかによって思いやりが育つことを、豊富な具体例をあげながら説いている。

　モデルと子ども（観察者）との関係が、思いやり行動のモデリングに対してどのような影響を与えるか。この問題を扱ったいくつかの研究においても、子どもに対して受容的あるいは養護的な

子は親の鏡

けなされて育つと，子どもは，人をけなすようになる
とげとげした家庭で育つと，子どもは，乱暴になる
不安な気持ちで育てると，子どもも不安になる
「かわいそうな子だ」と言って育てると，子どもは，みじめな気持ちになる
子どもを馬鹿にすると，引っ込みじあんな子になる
親が他人を羨(うらや)んでばかりいると，子どもも人を羨むようになる
叱りつけてばかりいると，子どもは「自分は悪い子なんだ」と思ってしまう
励(はげ)ましてあげれば，子どもは，自信を持つようになる
広い心で接すれば，キレる子にはならない

誉(ほ)めてあげれば，子どもは，明るい子に育つ
愛してあげれば，子どもは，人を愛することを学ぶ
認めてあげれば，子どもは，自分が好きになる
見つめてあげれば，子どもは，頑張り屋になる
分かち合うことを教えれば，子どもは，思いやりを学ぶ
親が正直であれば，子どもは，正直であることの大切さを知る
子どもに公平であれば，子どもは，正義感のある子に育つ
やさしく，思いやりを持って育てれば，子どもは，やさしい子に育つ
守ってあげれば，子どもは，強い子に育つ
和気あいあいとした家庭で育てば，
子どもは，この世の中はいいところだと思えるようになる

図 6-3 「子は親の鏡」（ノルト・ハリス（著）石井千春（訳）『子どもが育つ魔法の言葉』PHP 研究所より）

思いやり行動のモデリング

親和モデルのほうが，非親和モデルよりも，思いやり行動のモデリング効果が大であるという結果が示されている（Hoffman & Saltzstein, 1967；Yarrow & Scott, 1972）。

後浜（1981）は保育園児を対象として，保母に対する依存性と保母の受容的態度を測定して4つの群を作り，子どもの愛他行動のモデリングを比較した。その結果，保母への依存性が高くて保母の受容的態度が高い群における愛他行動のモデリングがもっとも多く，その反対に，依存性が低くて保母の受容性も低い群における愛他行動のモデリングがもっとも少なかった。この結果は，モデルによる受容と子どもの依存が，モデリングにおいて重要な要因であるということを物語っている。

一般に，小学生の女子は「社交性」の程度が父親に類似し，中学生の女子は「世話好き」の程度が父親に類似していた（森下，1983；1990b）。また，母親が子どもの自律性を尊重する場合は，小学生の女子は「自制心」が大であるという方向で母親と一致していた。しかし，男子ではこのような関連はなかった。この結果は，特に女子において，親との受容的・親和的な関係のなかで，他の人に対するポジティブな関わりや思いやり行動のモデリングが生じるということを示唆している。

また，植物を育てたり生き物の世話をすることが思いやりの形成につながると考えられている。女子大学生を対象とした研究では，小学生時代に単に動物を飼っていたというだけでは思いやりの程度とは関連がなく，どの程度その動物の世話をしていたかが重要であった。つまり動物の世話を一生懸命したという者ほど思いやりが豊かであった。さらに，母親が動物の世話を一生懸命していたのを見ていたという子どもほど，思いやりが豊かであった

Topic 思いやりを育てるために

1. 弱い人や貧しい人，困っている人を助ける行為は尊いことだということを認識する。命の大切さや人権の尊さを教えることと共通である。このような認識をもつということは非常に大切であるが，それだけでは十分ではない。

2. それとともに，優しさや思いやりの心情を育むことが大切である。つまり，相手の視点に立てること（視点取得），相手の身になって考え感じるこころ（共感性）を育てることである。このような視点取得や共感性は，乳幼児期から家庭や幼稚園・保育園，学校生活や地域生活において人間関係のなかで学んでいく。

3. 共感性が育ったとしても実際の行動に結びつくとは限らない。また，思いやり行動への動機があっても行動に結びつくとは限らない。相手の立場に立てる共感性や思いやりの動機を育てつつ，それが実際の行動につながるような工夫が大切である。それには家事を手伝ったり役割分担をしたり，植物を育てたり生き物の世話をするというような体験がとても大切なものとなるだろう。

（艮，2009）。この場合，母親の動物を世話する姿のなかに子どもは思いやりの芽を発見したのかもしれない。

総合的に考えると，思いやり行動を育てるためにはp.129 Topicのような3つの条件を満たす必要がある。

参考図書

中村陽吉・高木　修（1987）．「他者を助ける行動」の心理学　光生館

人を助ける援助行動について，従来の研究を幅広くわかりやすくまとめ紹介している。

菊池章夫（1988）．思いやりを科学する──向社会的行動の心理とスキル──　川島書店

思いやり（向社会的行動）について，概念を整理しながら思いやりを測定する尺度を作成し，思いやり研究を紹介している。

ノルト，D. R.・ハリス，R.（著）石井千春（訳）（1999）．子どもが育つ魔法の言葉　PHP研究所

本文でも紹介したこの本の枕の「子は親の鏡」というすばらしい詩にあるように，子どもは親の姿やものの考え方をみて育つ（モデリング）という視点から，たくさんの例を示しながら子どもの育ちをわかりやすく語っている。

ノルト，D. R.・ハリス，R.（著）雨宮弘美（訳）（2002）．10代の子どもが育つ魔法の言葉　PHP研究所

「子どもが育つ魔法の言葉」と同じように，十代の子どもの育て方について，わかりやすくたくさんの実例をあげながら提案している。

道徳性の発達

7

　学校や社会において，児童生徒の問題行動や犯罪が多発している。そのような現状のなかで，道徳性の発達について真剣に考える必要がある。また，道徳性は最終的には自己の生き方と密接に関係しているので，生涯にわたって避けて通れない課題でもある。道徳性は単に徳目としてではなく，共に生きる人々との間で規範や慣習をどのようにとらえるかという視点，また公正さや他者への思いやり・配慮を重視する観点から考えてみたい。

　道徳性は普通，「知識・判断」「心情・情操」「行為」の3つの側面に分けて考えられている。何が正しくて何が不正であるかの判断ができ，正しいことを行い，不正は行わない心情があっても，行動には結びつかないことも多い。道徳性の発達に関する研究の多くは，道徳的判断の発達的変化を記述する研究にとどまっている。現実の行動は，状況に関する多くの変数の影響を受けるので複雑ではあるが，今後はそこに迫る研究が期待される。

慣習と道徳性

まず,道徳性と慣習を区別することから始めよう。これは自らの道徳性を高めるためにも役立つ。慣習は社会集団や文化の影響を受けるのに対して道徳性は普遍的絶対的であり,また慣習は社会集団の合意により変更できるのに対して道徳性はそれができないとされている（二宮,1992；表7-1）。慣習は社会のメンバー間の相互作用を調整するもので,たとえば行儀が悪いとかマナーに反した行為が非難されるのはその例である。それに対して道徳性は,殺人や盗みのように,他者の人権や福祉に害を与える行為として問題となる。

現実には道徳性と慣習の機能や作用は互いに重複し交錯しあっていて,区別するのが困難な場合もある。慣習に違反し非難されるときは主として恥の感情を,道徳性に違反したときは主として罪の意識や良心のうずきを感じるだろう。したがって,道徳性と慣習の違いをはっきり認識した上で,何が善であり,何が悪であるかを自ら判断し選択することによって,初めて道徳性が育っていくと指摘する人もいる（二宮,1992）。

しかし,道徳性も歴史的社会的文化的な影響を受けざるを得ないので,この点に関して道徳性と慣習の差異は相対的なものとなっている。これまでの研究では,わが国の小学校低学年の児童は両者を区別していないが,高学年になるまでには明確に区別するようになっているとされている。その理解の変化には,子どもの認知発達だけでなく,文化を背景にした大人による教えや取扱いが関係していると考えられる。しかし,その影響過程はまだよくわかっていない（小嶋,1991）。

なお,慣習としての「ルール」は,皆が合意すればそれを変え

表 7-1 社会的慣習の概念の発達（Turiel, 1983；二宮, 1992）

レベル　社会的慣習の概念	おおよその年齢
1. 社会的統一性（social uniformity）を記述したものとしての慣習の肯定 慣習は，みんなが同じような行動をするように決められたものと考えられており，社会的相互作用を円滑にするためのものとは理解していない。慣習を守ることは，行動の統一性が乱れるのを避けるためであると考えている。	6～7歳
2. 社会的統一性を記述したものとしての慣習の否定 同じような行動を取ることが，慣習を守っていくのに大切なことであるとは考えない。慣習は恣意的なものであり，みんながするからといって，必ずしもそうしなければならないとは考えない。このレベルの者は，慣習の必要性を否定する。しかし，慣習が社会的相互作用を円滑にするための手段であると理解するまでには至っていない。	8～9歳
3. 規則体系としての慣習の肯定：社会システムについての概念化の始まり 慣習を恣意的で，変更できるものと考えている。そして，慣習にそって行動することは，具体的な規則や権威ある人の期待にそうものであると考えている。	10～11歳
4. 規則体系の一部としての慣習の否定 慣習は規則にかかわりなく，恣意的で変更できるものと考えている。慣習的行為に関する規則の評価を，その行為の評価と対応させている。慣習は社会的期待にほかならないと考えている。	12～13歳
5. 社会システムに媒介された慣習の肯定 社会構造についての体系的な概念ができてくる。慣習は，社会という共通の概念によって媒介される共有の行動と考える。慣習は，社会の統一性や固定的な役割などを保つための規範的な規制であり，必要であると考えるようになる。	14～16歳
6. 社会基準としての慣習の否定 慣習は，集団内に行動の統一性を与えるのに役立つ社会的な基準であると考える。つまり，慣習は習慣的な使用を通して存在する社会基準以外の何ものでもない。この点では，依然として慣習が社会システムの一部であると見ている。しかし，もはや慣習それ自体は，社会システムが適切に機能するための必要条件であるとは考えていない。個人の行動における多様性や変化は，社会システムのまとまりと矛盾しないと考える。	17～18歳
7. 社会的相互作用を円滑にするものとして慣習を肯定 慣習の基本的機能は，個人間の相互作用を円滑にすることであり，社会システムの異なる部分を統合することであると考える。慣習的な行為はAという行為もBという行為も等しく妥当であるという点で恣意的であると見る。しかしながら，社会システムのメンバーの特定な統一的行為は，メンバー間で一致したものであり，共有の行動様式である。統一的なこれらの諸行動の目的は，相互作用を円滑にすることであり，それによって社会システムの働きを促進することである。慣習は，社会システムの中で共有されている規範，一般知識にもとづいていると考えている。	18～25歳

慣習と道徳性

てもよいと考えられている。中学校から特に問題となる校則は，慣習に属するものである。しかし，それが社会的相互作用を調整する上でどのような意味をもっているのかについて，生徒や教師自身にも理解できないものが多いにもかかわらず，存続し続けているところに問題があると考えられる。

道徳的判断の発達

道徳的判断の発達に関して，まずピアジェの研究があげられる。ピアジェの道徳的判断説は，行為の善悪を「行為の結果にもとづいて判断する（客観的責任判断）」から「行為の意図・動機にもとづいて判断する（主観的責任判断）」への移行，一般に「他律」から「自律」への発達といわれている。二宮（1980）は，この発達段階をさらに，①行為者の意図を考慮しない段階，②意図よりも結果を重視する段階，③結果よりも意図を重視する段階，④意図だけを考慮する段階，に細分化している。そして彼はピアジェの道徳的判断全般について，表7-2のように簡潔にまとめている（二宮，1985）。

これらの結果は，西洋でもわが国でも，結果よりも動機に重点を置いて判断を下す法律の体系をもっていることと無関係ではないと指摘されている（小嶋，1991）。また，悪い結果が起こりえることをあらかじめ知っていたか，さらには知ろうとすれば知りえたかというような予見可能性が，責任性の判断に関与するという法体系も無視できない。さらに自分の行為に対する責任感は，行為者に責任があるのだとする社会化の影響のもとで，子どもが責任感をもつように導かれるところから生じるのだと小嶋（1991）は鋭く指摘している。

表7-2 ピアジェの道徳的判断の研究の概要（二宮, 1985）

領域	拘束（他律）の道徳性	協同（自律）の道徳性
規則	規則は神聖なもので、変えることはできない	合法的な手続きで、同意によって規則は変えられる
責任性	行為の善悪を、行為の結果にもとづいて判断する〔客観的責任判断〕	行為の善悪を、行為の意図・動機にもとづいて判断する〔主観的責任判断〕
懲罰の観念	懲罰は必要で、厳格なほどよい〔贖罪的懲罰〕	贖罪を必要とは認めず、相互性による〔賠償的懲罰〕
集団的責任	犯人を告げないなど、権威にたいし忠実でないと集団に罪がおよぶ〔集団的責任〕	集団全体を罰すべきではなく、各人をその行為に応じて罰する〔個人的責任〕
内在的正義	悪い行為は自然によって罰せられる〔内在的正義〕	自然主義的な因果関係による〔自然主義的正義〕
応報的正義	応報的観点から判断する〔応報的正義〕	分配（平等主義）的観点から判断する〔分配的正義〕
平等と権威	権威による命令を正しいとし、権威への服従を選ぶ	平等主義的正義を主張し、平等への願望を選ぶ
児童間の正義	規則による権威に訴える	同じ程度で懲罰をしかえすことは正当で、協同あるいは平等に訴える

コールバーグはこのピアジェの考え方を発展させた（コールバーグ，1987；永野，1985）。たとえば**表7-3**のような例話（**道徳的ジレンマ**）を提示し，主人公の行為の是非とその理由を問うている。このような道徳的葛藤場面での反応に，個人の道徳的推理と判断の違いが反映されやすいと彼は考えたのである。コールバーグはその回答を分析して**表7-4**のような発達段階説を提唱した（小嶋，1991）。彼は公正さの概念を問題にしており，慣習以前の水準，慣習的水準，慣習以降の水準へと発達すると主張した。

道徳性と文化

　現在までのところ，多くの文化で道徳的判断の発達にはある程度の順序性があるとされている。しかし，このような結論は，西洋でいま中心となっている文化のもとで発展した概念的枠組みで取り出せる範囲内での道徳的判断という，限定条件つきでいえることである。道徳性は，ある程度は文化的相対性のある概念であるから，道徳的判断の基準の獲得も，1つの普遍的尺度のみに照らした記述だけでは，必ずしも発達のコース全体を十分に記述できるとはいえないと指摘されている（小嶋，1991）。

　日本や台湾でのデータのなかには，段階間の移行がアメリカのとは違うことを示したものがある（永野，1985）。日本の子どもはアメリカの子どもより早くからコールバーグの段階Ⅲの判断を示すが，長い年月そこに留まる可能性があることが示されている（山岸，1985）。これは，日本の子どもは，自分の行為が他者にどう思われるか，どう言われるかを気にする者が多いことが原因であるとされる。また，日本は互恵性を重視したり慣習的ルールを強調するという文化的特徴が絡んでいる可能性もある（東，

表7-3　コールバーグの例話（コールバーグ，1987）

【ハインツのジレンマ】
　ハインツの奥さんが病気で死にそうです。医者は，「ある薬を飲むほかに助かる道はない」と言いました。その薬は，最近，ある薬局で発見されたもので，製造するのに5万円かかり，それを50万円で売っています。ハインツは，手元にお金がないので，お金を借りてまわりました。しかし，半分の25万円しか集まりませんでした。ハインツは，薬局の主人に訳を話し，薬を安くしてくれないか，後払いにしてくれないかと頼みました。しかし，頼みは，きいてくれませんでした。ハインツは，困りはてて，ある夜，研究所に押入り薬を盗みました。

質問例
- ハインツは，薬を盗むべきでしたか，それとも盗むべきではなかったですか？
- どうしてですか？

表7-4　コールバーグが提唱した道徳的判断の3水準・6段階 （小嶋，1991）

段階　解説と，例話で「薬を盗んだのは正しい／間違っている」とする理由

〈水準1　前慣習の水準〉

Ⅰ　**服従と罰への志向**：罰せられることは悪く，罰せられないことは正しいとする。
　「盗みは罰せられることだから，盗んだことは悪い。」

Ⅱ　**手段的欲求充足論**：何かを手に入れる目的や，互恵性（相手に何かしてお返しを受ける）のために，規則や法に従う。
　「かれが法律に従っても，得るものは何もないし，また，薬屋に何かの恩恵を受けたこともないから，盗んでもよい。」

〈水準2　慣習の水準〉

Ⅲ　**「よい子」の道理**：他者（家族や親友）を喜ばすようなことはよいことであり，行為の底にある意図に目を向け始める。
　「盗みは薬屋はもちろんのこと，家族や友人を喜ばすものではない。しかし，いのちを助けるために盗んだのだから，正しいと思う。」

Ⅳ　**「法と秩序」志向**：正しいか間違っているかは，家族や友人によってではなく，社会によって決められる。法は社会的秩序を維持するために定められたものであるから，特別の場合を除いて従わなければならない。
　「法を破った点では，かれが悪い。しかし，妻が死ぬかもしれないという特別の状況にあったのだから，完全に悪いとはいい切れない。」

〈水準3　脱慣習の水準〉

Ⅴ　**「社会契約」志向**：法は擁護されるべきであるが，合意によって変更可能である。法の定めがあっても，それより重要なもの（人間の生命や自由の権利など）が優先される。
　「生命を救うために，かれが薬を盗んだのは正しい行為である。」

Ⅵ　**普遍的な倫理の原理**：生命の崇高さと個人の尊厳に基づいた，自分自身の原理を発展させている。大部分の法律はこの原理と一致しているが，そうでない場合には，原理に従うべきである。
　「生命の崇高という普遍的な倫理の原理は，どのような法律よりも重要であるから，かれが薬を盗んだのは正しい。」

（注）表では，「盗んだのは正しい」，あるいは「間違っている」とする一方の場合の理由づけの例を示している。しかし，逆の判断に伴う理由づけも，それぞれの水準について同様に成り立ちうる。理解しやすくするために用語を変えたところがある。

道徳性と文化

1994)。

 以上のように、コールバーグの発達段階説は罰、規則、権威などに関する道徳的ジレンマについての判断を扱っている。それに対して、アイゼンバーグは、新たに向社会的行動の発達研究を行い、表6-1のような発達段階説を提案した（Eisenberg, 1986）。

 コールバーグの理論に対してギリガン（1986）の批判がある（山岸、1992）。一つは、コールバーグの発達理論の文化的普遍性に対する批判であり、もう一つはコールバーグの理論は男性中心の公正さについての道徳性であり、女性の道徳発達はそれとは違うという批判である。

 性役割期待においても、男性に対しては独立して一人で生きていける強さ、能動性が期待され、女性には他者とよい関係がもてる特性（共感的で援助的）が期待される。したがって、「正義の道徳性」を使う男性は、世界から離れたものとして自己をとらえ、自己や世界を客観的に対象化しようとするのに対して、女性は自己を世界との関係においてとらえ、他者と関係をもち相互に依存したものとして自己を経験しており、そこに人間関係、気配り、共感などを主要原理とする「配慮と責任の道徳性」が生まれる（表7-5）（山岸、1992；二宮、1992）。

 コールバーグとギリガンの道徳性の違いをまとめたものを表7-6に示す（二宮、1992）。

 男性と女性の道徳観に違いがあるかもしれないが、人間関係を大切にする日本人の道徳観にはギリガンの理論のほうが適合している可能性が高い。いずれにせよ、私たちは日々いろいろな葛藤のなかで生きているが、コールバーグやギリガンの研究は、罰や規則や権威などに関する道徳的ジレンマや、人間関係におけるジ

表 7-5　ギリガンの「配慮と責任の道徳性」の発達段階（山岸，1992）

レベル1	個人的生存への志向（自分の生存のために自分自身に配慮する）
移行期1	利己主義から責任性へ（自己の欲求と，他者とのつながり―責任への志向との葛藤が現われる）
レベル2	自己犠牲としての善良さ（ステレオタイプの女性的な善良さで世界を構成化し，自己犠牲によって葛藤を解決する）
移行期2	善良さから真実へ（他者に対してと同様自己に対しても責任を担うようになり，自分がもっている現実の欲求に正直に直面する）
レベル3	非暴力の道徳性（配慮と責任は自己と他者の両者に向けられ，傷つけないことが道徳的選択の普遍的なガイドとなる）

表 7-6　コールバーグとギリガンの道徳性の発達理論の比較（Brabeck, 1983；二宮，1992）

	コールバーグの公正な道徳性	ギリガンの配慮と責任の道徳性
一番大事な道徳的義務	公正さ	非暴力／配慮
道徳性の構成要素	個人の尊厳　互恵性 自己と他者の権利　尊敬 公明正大さ　規則／合法性	関係性　配慮　調和　同情 自己と他者に対する責任 利己的／自己犠牲
道徳的ジレンマの特質	権利の対立	調和と関係性に対する恐れ
道徳的義務感の決定因	原理	関係性
ジレンマを解決する認知的過程	形式的／論理的な演繹的思考	帰納的思考
道徳的行為者としての自己の観点	分離していて，個別的	関連していて，愛着的
感情の役割	構成要素ではない	配慮，同情を誘発する
哲学的志向	理性的（公正さの普遍的原理）	現象学的（文脈的相対主義）
発達段階	Ⅰ．罰と服従 Ⅱ．道具的交換 Ⅲ．対人的同調 Ⅳ．社会体系と良心の維持 Ⅴ．権利と社会的契約の優先 Ⅵ．普遍的な倫理的原理	Ⅰ．個人的生存 ⅠA．利己主義から責任性へ Ⅱ．自己犠牲と社会的同調 ⅡA．善良さから真実へ 　　（移行段階） Ⅲ．非暴力の道徳性

道徳性と文化

レンマに直面したとき，私たちの決断に重要な示唆と勇気を与えてくれるだろう。

🔵🔵🔵 参考図書

日本道徳性心理学研究会（編著）(1992)．道徳性心理学──道徳教育のための心理学──　北大路書房

　日本の専門家が，道徳性に関連する世界の代表的心理学研究者の研究や理論について広く紹介した本であり，道徳性心理学研究の全体像を理解することができる。

永野重史（編）(1985)．道徳性の発達と教育──コールバーグ理論の展開──　新曜社

　道徳性に関するコールバーグの理論を，日本の一流の研究者たちがわかりやすく解説しながら，論評している本である。コールバーグ研究に役立つ文献である。

攻撃行動 8

　家庭や学校において，暴力やいじめなどの攻撃行動が頻発している。このような攻撃行動はなぜ，またどのようにして生じるのだろうか,。

　本章では，フラストレーションと攻撃行動との関連や，攻撃行動のモデリングのプロセスについて理解を深め，そして，特に，親子関係が子どもの攻撃行動にどのような影響を与えるかについて焦点を当てながら，家庭での親子関係のあり方を探りたい。

🌀 児童の攻撃性の特徴

 攻撃行動というのは，一般的に，肉体的，言語的な威嚇や暴力によって人の身体や心を傷つける行為だと考えられている。攻撃行動を媒介するものとして攻撃性が想定されており，攻撃性は腹立たしい，いらいらするというような攻撃行動を生じさせる心の活性状態（態度）である。

 日頃の小・中・高校生の攻撃性の強さを比較した結果が図 8-1 である（森下・津村，1998）。男子では攻撃性得点が学年とともに上昇している。女子では小学生から中学生にかけて攻撃性得点が上昇しているが，高校生は中学生と同じである。小学生の攻撃性は比較的低く，性差がないというのが特徴である。

 最近の調査によると，児童の攻撃性について，図 8-2 のように女子のほうが男子よりも攻撃行動が多いという結果が示されている（橋本，2010）。それとは対照的に，男子のほうが思いやり行動が多いという結果であった（図 8-3）。

 近年，児童の「キレる」という現象が社会問題になっている。これは本来，積み重なってきたフラストレーションの重みに耐えられなくなって，ダムの堰が切れるように攻撃性が一気に流れ出してしまう状態だといえよう。しかし，最近ではちょっとしたことでキレる子どもが目立っているので，必ずしも上記の状態とは一致しない違った状況においても使われている。

🌀 フラストレーションと攻撃行動

 従来，フラストレーション（欲求不満）が攻撃行動を生じさせる，つまり，攻撃行動の背景には必ずフラストレーションがあると考えられてきた（ドラードほか，1959）。これは欲求不満—攻

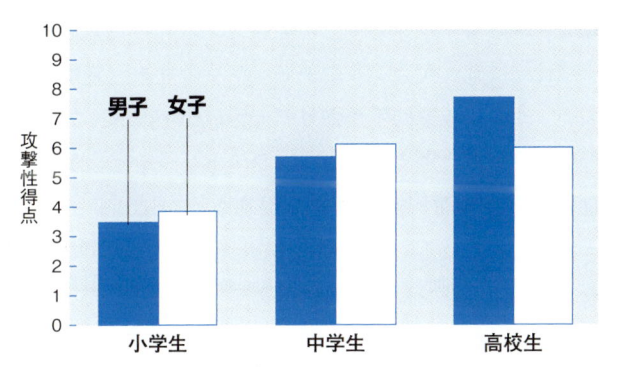

図 8-1 「攻撃性」得点（森下・津村, 1998）

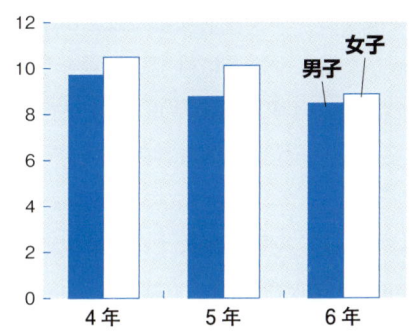

図 8-2 攻撃行動の学年, 男女別の平均値（橋本, 2010）

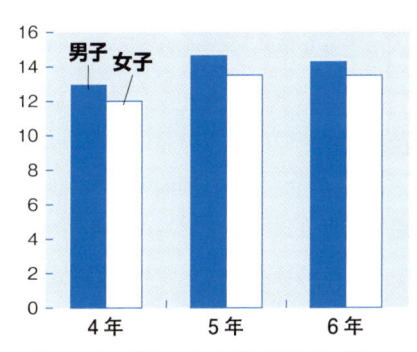

図 8-3 思いやりの学年, 男女別の平均値（橋本, 2010）

フラストレーションと攻撃行動

撃仮説とよばれるものである。確かにフラストレーションが高まれば攻撃行動は強くなることが多い。フラストレーションが攻撃性を高め，そこに**攻撃的手がかり**（aggressive cues）が加わると攻撃行動が生じると考えられる。フラストレーションがどのような条件のもとで攻撃行動を誘発し促進するかについて，表8-1のようにまとめられる（中村，1976）。

フラストレーションは攻撃行動への活性状態（レディネス）を作るが，攻撃行動が生じるためには攻撃的手がかりが必要である（Berkowitz, 1974）。モデリングのプロセスにおいてこの手がかりを与えることになる。つまり，攻撃行動を示すモデルの観察は，攻撃行動を遂行した結果や効果に対する情報を与え，それに基づいて攻撃行動の制止がはずれ（脱制止），攻撃行動（モデリング行動）が生じるということになる（Bandura, 1973；Berkowitz, 1974）。このようにフラストレーションは攻撃行動を引き起こす重要な要因ではあるが，攻撃行動のすべてを説明する要因とはなりえない（Bandura, 1973；森下，1996）。

しかし，今日では，フラストレーションが必ずしも攻撃行動を導かず，また攻撃行動の根底に必ずフラストレーションがあるとはいえないということが明らかとなっている。モデリング理論によれば，むしろフラストレーションの有無にかかわらず，また強化がなくてもただモデルの攻撃行動を観察するだけで攻撃行動が生じるという。ここにモデリング理論の特徴がある。

攻撃性や攻撃行動の表出には子どもの生活している社会や文化の特徴が影響する。その社会や文化が攻撃行動はできるだけ抑制すべきだと考えるか，進んで表出すべきものと考えるかによって違いが大きい。さらに，攻撃行動が欲求実現の手段として望まし

表 8-1 フラストレーションと攻撃行動 (中村, 1976)

1. 他の人からの攻撃は攻撃行動を誘発しやすいが, 人以外の環境要因によって欲求が阻止されたときは, 攻撃行動が表出されるとは限らない。

2. フラストレーションの原因をどのように認知するかが攻撃行動を強く規定する。つまり, その原因が自分に納得のいくものかどうかが重要であり, 不合理に思えるときは攻撃反応も多くなると考えられる。

3. フラストレーションは一般的な情動を高め, 環境内に攻撃行動を引き出す手がかり (cue) が存在すると, 具体的な攻撃行動が生じる。

4. 攻撃反応を表出することが自分にマイナスの影響をもたらす危険が大きいときは, 当面の対象への攻撃行動は抑制される。

5. 攻撃反応を表出すれば, 心理的緊張が静められるというカタルシス説は, 必ずしも実証されていない。攻撃行動反応が攻撃行動を沈静させるか否かは, 他の要因が関係している。

いものとして社会や文化が位置づけるかどうかも影響する。

攻撃行動は，このような社会的文化的背景のもとで，親子関係をはじめとする現実の人間関係のなかで形成される。

先述した「キレる」ことの原因として欲求不満耐性の脆弱性が指摘され，自己抑制機能の育成が叫ばれている。ただ自己抑制だけでなく，自己を表現し主張する能力の育成が重要だと考えられよう。さらに，過度のストレスやフラストレーションにさらされないように周りの大人たちが配慮し，援助してあげる必要があるだろう。

攻撃行動のモデリング

バンデューラ（1973）は攻撃の起源，攻撃の誘発者（instigator），攻撃の強化子に関して図 8-4 のように考えている。ここでは観察学習が攻撃行動の起源に作用し，モデリングが攻撃の誘発者として働く。社会的学習理論では，攻撃行動を学習することと，それを実際に遂行することとは別の過程だとされている。

攻撃行動の獲得過程においては，**観察学習（モデリング）**が重視されている。攻撃行動の多くは，親や仲間のようなモデルやテレビなどのメディアからのモデルの学習によって獲得される。モデルの行動に対して代理強化を与えなくても，それを観察するだけでモデリングが生じる（Bandura et al., 1963）。その点は思いやり行動についても確認されている。また，実際の人間の行動のみならず，映画，漫画，アニメにおける攻撃行動が，すべて攻撃行動のモデルとなりうるということも明らかにされている。

攻撃行動のモデリングは強化がなくても生じるが，モデルへの賞賛の量に比例して増加することが，幼児を対象とした研究で明

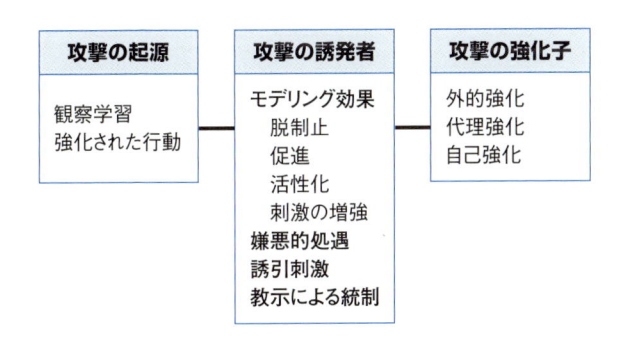

攻撃の起源	攻撃の誘発者	攻撃の強化子
観察学習 強化された行動	モデリング効果 　脱制止 　促進 　活性化 　刺激の増強 嫌悪的処遇 誘引刺激 教示による統制	外的強化 代理強化 自己強化

図 8-4　社会的学習理論における攻撃の起源，誘発者，強化子
（Bandura, 1973 より一部省略）

らかにされている（Purelo, 1978）。その際，男子のほうが女子よりも攻撃行動のモデリングが多かった。また，一般にモデリングはモデリング行動を一緒に示す仲間がいる場合によく生じるが，攻撃行動の場合にそれが著しいことが示されている。

　仲間に対する攻撃行動が多く仲間との関係がうまくいかない子どもの場合，親の**養育ストラテジー**（disciplinary strategy）が影響しているという（Hart et al., 1993）。つまり，**力中心のしつけ**（power assertive discipline）をとる親の子どもは，男児でも女児でも遊び場で多くの妨害行動を示し，仲間から受容されることが少なかった。このような事実から，親との相互作用のなかで子どもは他の人との関わり方を学び，それが仲間との相互作用のあり方に影響すると推測される。この場合も親の養育ストラテジーが子どもにさまざまな影響をもたらすが，その親の行動スタイルが子どもの行動のモデルになっていると考えることができる（**Topic**）。

　このようにして攻撃行動の仕方や技能は学習されるが，実際にそれを表出するかどうかにはいくつかの要因が関連する。社会的学習理論はモデリングの効果とともに自己強化の問題をも重視している。人は自分で行動基準を設定して自己の行動を評価し，それに基づいて自己の攻撃的行動を調節している（Bandura, 1973）。言い替えれば，攻撃的行動が自己の評価や誇りを高めるのであれば攻撃的に振る舞うが，自己への罰を予期する場合は攻撃行動を差し控える。つまり，攻撃行動の遂行は，そのときの場面状況，行動の結果がもたらす将来の予測によって決定される。将来の予測には，過去の状況や経験と現在の状況の認知が総合的に作用すると考えられる。

Topic 攻撃行動のモデリング

　小学1年生を対象とした研究で，子どもに体罰を用いる親の映画は無罰的な映画よりも男児の攻撃行動を刺激するという仮説が検討された（Fairchild & Erwin, 1977）。実験の結果，体罰を用いる親の映画を見た子どもたちのほうが人形遊びで示した攻撃反応が有意に多く，仮説を支持していた。

　非行少年を実験参加者とした研究において，攻撃性が誘発されると攻撃行動が強く生じることが明らかにされた（Hartmann, 1969）。さらに，「攻撃映画（攻撃をしかける少年の映像）」を見た子どもは，前もって攻撃性が誘発されたかどうかにかかわらず，どちらも強い攻撃行動を示した。しかし「苦痛映画（攻撃を受けている少年の映像）」を見た子どもは，前もって攻撃性が誘発されない場合はそれほど多くの攻撃行動を示さなかったのに対して，攻撃性が誘発された場合は強い攻撃行動を示したのである。攻撃性が誘発された場合に，攻撃を受ける側の行動や表情を見ただけで，観察者に攻撃行動が強く生じる点は注目する必要がある。つまり，この結果は，強いフラストレーションをもつ場合，被害者の苦痛の表情すら攻撃行動の引き金になりうるということを示唆している。

　小学校1, 2年生を対象にした実験的研究によると，モデリングと社会的相互作用の両方の要因が，人に対する直接的攻撃行動に対して影響を与えた（Hall & Cairns, 1984）。この研究では，モデリングの要因は状況や文脈についての情報を提供し，相互作用の要因は行動の制御に強い力をもつと指摘している。

親子関係と攻撃行動

親の養育態度と攻撃行動

これまでの研究結果によると、親の罰が強ければ強いほど子どもの攻撃行動が多い、また攻撃行動を許容する親の態度は子どもの攻撃行動を促進する、それに対して緩やかな統制や愛情の豊かな親の子どもは攻撃行動が少ないことが明らかにされている。

古典的な研究によると、図 8-5 のように、親の罰が強い場合、幼稚園や学校で示される子どもの攻撃行動そのものはあまり多くないが、ドル・プレイ（人形遊び）などに投影された攻撃性は非常に強いという結果が示されている（Sears et al., 1957）。このように親の罰が厳しい場合、子どもの行動的特徴と内面の特徴との間に著しいギャップが存在するときがある。不登校児のなかには、幼児期や児童期には親の言うことをよく聞いていた子どもが、中学生になって不登校を契機にして突然家庭内暴力のような激しい攻撃行動を示す場合がある。このようなケースのなかには、幼児期・児童期に親がきわめて統制的であったとか、罰が厳しかったという例が含まれている。

親子関係とモデリング

モデルとそれを観察する子どもとの関係がどのような場合に、攻撃行動のモデリングが生じやすいかについてみてみよう。中学生は嫌いな友人よりも好きな友人の攻撃行動からモデリングが生じやすいことが示されている（藤井, 1973）。また、幼児について、受容的な母親をモデルとするほうが拒否的な母親や未知の女性をモデルとするよりも、攻撃行動のモデリングが多く生じるということが明らかにされている（松田, 1973）。このような結果は、子どもは好きな人や尊敬する人に同一視するという依存的同

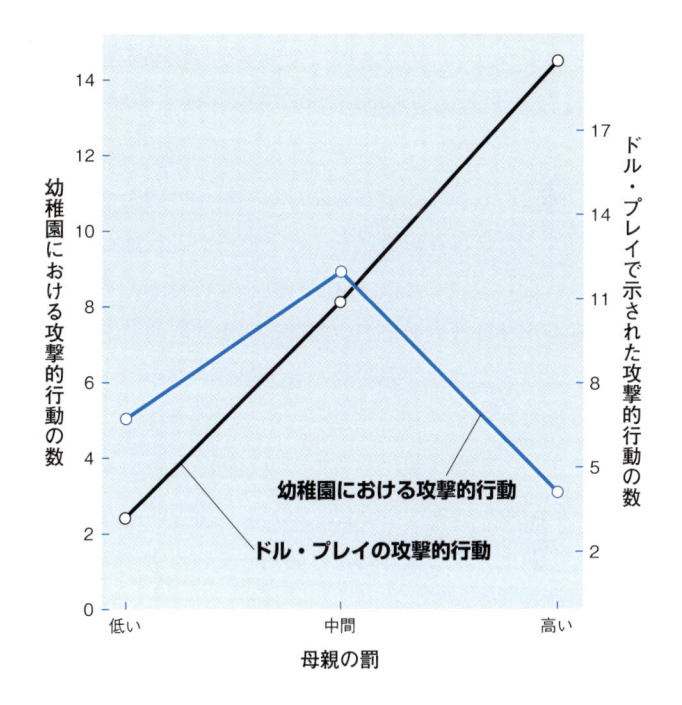

図 8-5 母親の罰と攻撃行動（Sears et al., 1957）

<u>一視</u>の考え方に一致している（Mowrer, 1950；Sears et al., 1965）。

　それに対して，すでにみてきたように日常生活での親の罰が厳しい子どもほど，攻撃的なドル・プレイが多かった（Sears et al., 1957）。ドル・プレイには攻撃的モデルとしての親の姿が反映されていると解釈されている。また，ホフマン（1960）も母親の罰が厳しいほど子どもの攻撃性が強いという結果を示している（Topic）。

　これらの研究において，子どもに対して厳しい罰を与える親の態度・行動は，それ自身が子どもにとってモデル行動となっていると考えられる。このことは，攻撃行動を含む種々のモデル行動が示されるような日常生活においては，親が統制的であるとか拒否的であるというような非親和的な親子関係のなかで，特に男子において攻撃行動のモデリングが生じやすいのではないかと予想できる。そこで，実験状況において，攻撃行動と思いやり行動の2種のモデル行動が示された場合，モデルを拒否的だと認知している男子には，モデルを受容的だと認知している男子よりも，攻撃行動のモデリングが多く生じるのではないかという仮説を立てた。そして，幼児を対象に，幼稚園の担任教師をモデルとして研究した結果，予想に一致した結果が得られたのである（森下, 1996）。

Topic 親子関係とモデリングの出現

　日本における幼児についての研究でも，親と子どもの相互作用のなかで，拒否的，統制的な親の態度は子どもの反抗的・攻撃的反応を多く引き出すことが明らかにされている（末田ほか，1985）。また，親が体罰を多く用いる場合，男子は攻撃行動のモデリングが多いという結果も示されている（高島，1970）。小学生についても，母親が統制的な場合は全体として男子の「攻撃性」の程度が高く，さらに母親の「攻撃性」の程度が高ければ高いほど，子どもの「攻撃性」の程度も高かった（森下，1983）。中学生の男子に関して，父親あるいは母親が拒否的な場合，父親あるいは母親における「独善性」「攻撃性」「不親切」の程度が高ければ高いほど，子どもの「攻撃性」「不親切」「独善性」の程度も高かった（森下，1990）。

🔵🔵🔵 参考図書

中村陽吉（1976）．対人関係の心理──攻撃か援助か──　大日本図書

　人間関係における攻撃行動と援助行動について，わかりやすく書かれた解説書である。

島井哲志・山崎勝之（編）(2002)．攻撃性の行動科学──健康編──　ナカニシヤ出版

　攻撃性と健康の問題を中心にしながら，攻撃性の概念と測定法をはじめ，攻撃性と人間関係・感情・性格・神経生理との関連，攻撃性への介入方法について詳しく書かれている。専門的な引用文献も豊富。

不適応行動の理解と対応・予防

　今日，学校現場や家庭では子どもたちにさまざまな問題が生じている。そのようななかで，Ⅲ部では不適応行動や問題行動とよばれている現象に焦点を当てる。個々のテーマに入る前に，ストレスと不適応行動（問題行動）との関連を解説する。次に，学校での不適応行動として，不登校，いじめ，学級崩壊を扱い，続いて家庭における児童虐待の問題を考える。

　それぞれのテーマについて理解を深めながら，問題への対応や予防に役立つような方策を探りたい。

　最後に，上記のような問題に対応するために，あるいは予防するため，子どもや家庭・学校に対するソーシャル・サポートのテーマについて取り上げる。

ストレスと不適応行動

　本章ではストレスと不適応行動について考えてみよう。
　私たちは多かれ少なかれストレスを感じながら生活している。ストレスがあまりにも強く長期間にわたると、たいていの人にストレス反応が生じる。また、ストレス反応は一度の強烈な体験によっても生じることがある。ストレス反応とは、たとえば身体感覚の異常、抑鬱的な気分、意欲の減退、人間関係を避ける、時に攻撃的行動などの症状が現れる。このような特徴は不登校やいじめなどの不適応行動の原因ともなるし、逆に不適応行動の結果として現れることもある。

　本章において、まずストレスやそれを引き起こすストレッサーとは何かについて考える。またストレスとフラストレーションとの共通点と相違点を探る。子どもたちの生活の場としての学校においてどのようなことがストレッサーとなっているのか、ストレッサーやストレス反応と不適応行動とはどのような関連があるのか。このような問題を考えつつ、それらの測定・評価（アセスメント）についてふれながら、不適応行動にどのように対応すればよいかを考える。

🌐 ストレスとストレス反応

　ストレッサーがストレスを産み，ストレスがストレス反応を生じさせる。そのような関係が図 9-1 に示されている。ストレッサーとは，ストレスを引き起こすできごとをさす。具体的には，日常生活のなかで突然襲う事故や災害，家庭や学校でのこじれた人間関係，授業や試験などさまざまなものがある。

　ストレスとは，主として不快な心の緊張状態をいう。ストレスは図 9-1 のなかに示されているように，ストレッサーをどのように認知しているかで決まり，ストレッサーがもたらす苦痛の程度が大きいほどストレスが強いとされる。そこにはストレッサーを経験する頻度も関与する。ストレスの強さには，ストレッサーの強さ以外に，それを受け取る個人の特徴（パーソナリティ）も影響する。

　ストレス反応は，強いストレスから生じる反応（心の状態や行動の特徴）であり，具体的には表 9-1 の項目に示すものが代表例である。ストレス反応には，頭痛や腹痛のような身体的な側面，抑鬱性や攻撃性のような情緒的な側面，仕事の能率低下や根気のなさなど意欲低下に関する側面がある。また対人関係が消極的になり人を避けるようになるというような行動特徴もみられる。どのようなストレス反応が生じるかは個人によって異なる。

　ストレスやストレス反応に影響する要因として，図 9-1 のように個人のパーソナリティ内部におけるその人の性格や信念，ストレスに対処する対処行動の豊かさなどがあげられる。さらに後述するように，周りの人たちからのサポートがストレスやストレス反応の緩和要因として大切な役割をはたす。

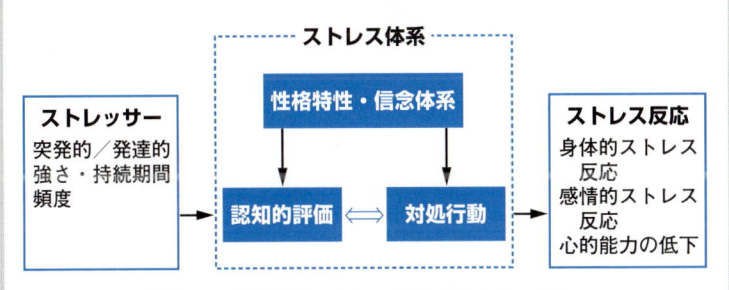

図 9-1 心理学的ストレスが起こるメカニズム
（中西ほか，1993 を一部改変）

表 9-1 ストレス反応の尺度と項目（森下・津村，1998）

1. 抑鬱性	1	さびしい気持ちがする
	2	悲しい気持ちがする
	3	みじめな気持ちがする
	4	ゆううつな気持ちだ
	5	気分が落ちこんでいる
	6	泣きたいような気持ちだ
	7	むなしい感じがする
	8	気がめいっている
2. 攻撃性	9	むしゃくしゃする
	10	腹立たしい感じがする
	11	怒りっぽくなっている
	12	ちょっとしたことで，イライラする
	13	きげんが悪い
	14	人にやつあたりしたい気持ちだ
	15	不満がたまっている
3. 登校拒否感情	16	学校なんか，なくなればよい
	17	学校さえなければ，毎日楽しいだろうなと思う
	18	日曜の夜，明日から学校かと思うと気が重くなる
	19	学校をやめたくなることがある
	20	朝，なんとなく学校へ行きたくない
	21	学校にいるとき，よく気が重くなってくる
	22	学校ではいやなことばかりある
	23	学校にはなにも楽しいことがない

ストレスとストレス反応

ストレスとフラストレーション

前述のようなストレスやストレス反応が，学校における不適応行動（問題行動）の原因となっているといわれている。図 9-2 には，ストレスと，不適応行動としての暴力やいじめなどの反社会的行動，ひきこもりや不登校などの非社会的行動との関連が示されている。

このような不適応行動の背景には，ストレス以外にフラストレーション（欲求不満）があると考えられている。自分の欲求が阻止されたフラストレーション事態から，不快な心の緊張状態（フラストレーション状態）を経て，フラストレーション反応に至るプロセスは，ストレス反応の発生過程と類似している。

フラストレーション反応の代表的なものは攻撃行動である。攻撃行動の背景に，満たされない欲求の問題（フラストレーション）があるかもしれないと疑ってみる必要がある。ただし，すでに述べてきたように，すべての問題行動（攻撃行動やいじめ行動など）にストレスや心理的葛藤，あるいはフラストレーションが関与しているとは限らないことにも留意する必要があるだろう。

ストレスとフラストレーションについて，両者は心のとらえ方の視点（理論的背景）が異なっている。しかし，具体的な事態では同じような現象を扱い，明確に区別することは難しい。一般に攻撃性や攻撃行動を問題として扱うときは，フラストレーションという枠組みから理解するのが生産的だろう。

学校におけるストレッサー

子どもたちにとって，何がストレッサーになるのだろうか。生活のなかにさまざまなストレッサーがあるが，特に人間関係のな

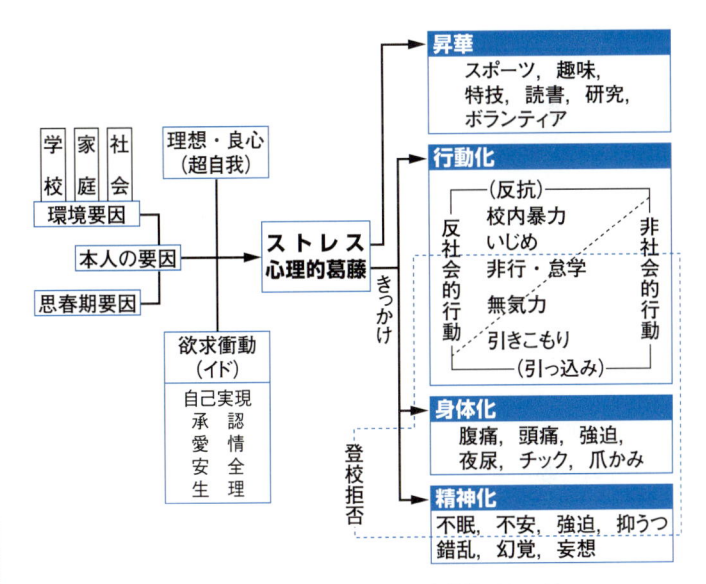

```
                              ┌─────────────────────────────┐
                              │ 昇華                        │
                         ┌───▶│  スポーツ，趣味，          │
                         │    │  特技，読書，研究，        │
                         │    │  ボランティア              │
                         │    ├─────────────────────────────┤
┌──┬──┬──┐ ┌──────────┐ │    │ 行動化                      │
│学│家│社│ │理想・良心│ │    │   ───(反抗)───              │
│校│庭│会│ │(超自我)  │ │    │  反   校内暴力     非       │
├──┴──┴──┤ └────┬─────┘ │    │  社   いじめ       社       │
│環境要因│      │       │    │  会   非行・怠学   会       │
├────────┤      ▼       │    │  的   無気力       的       │
│本人の要因├──▶ストレス ├────┤  行   引きこもり   行       │
├────────┤   心理的葛藤 │き   │  動   ───(引っ込み)─── 動 │
│思春期要因│      ▲     │っ   ├─────────────────────────────┤
└────────┘      │      │か   │ 身体化                      │
        ┌───────┴──┐    │け   │  腹痛，頭痛，強迫，        │
        │欲求衝動  │    │    │  夜尿，チック，爪かみ      │
        │(イド)    │    │    ├─────────────────────────────┤
        ├──────────┤    │    │ 精神化                      │
        │自己実現  │    │    │  不眠，不安，強迫，抑うつ  │
        │承  認    │    │    │  錯乱，幻覚，妄想          │
        │愛  情    │    └───▶│                             │
        │安  全    │         └─────────────────────────────┘
        │生  理    │              登校拒否
        └──────────┘
```

図 9-2 いじめ等問題行動の発生過程（文部省）

かにそれがある点は子どもも大人も変わらない。まず代表的なものとして，親子関係やきょうだい関係などの家族関係を中心とする家庭におけるストレッサーがある。次に学校場面におけるストレッサーがあり，そのなかに友人関係に関するストレッサーなども含まれる。

　学校におけるストレッサーには友人関係以外にどのようなものがあるだろうか。小・中・高校生 900 名を対象とした分析によると，表 9-2 のように「勉強」「先生（との関係）」「授業」「失敗」に関する 4 因子が得られた（森下・津村，1998）。成績が悪いとか勉強がわからないというような「勉強」の因子とは別に，「授業」そのものがストレッサー因子となっているのが特徴である。

　4 つの因子からなるストレッサー得点の和を，学年ごとに示したのが図 9-3 である。小・中・高校生と学年が進むにつれて，男女ともにストレッサーの総得点は高くなっていた。ただし，「失敗」因子に関しては他の因子と違い，小学生と中学生のほうが高校生より得点が高かった。一般に男子のほうが女子よりもストレッサー得点が高かった。

　ストレッサーから受けるストレスの強さについて，小学生にとって家族の死や父母との別離が強いストレッサーとなっている（嘉数ほか，1997）。また小学生にとって，仲良しの友人の喪失や友人との葛藤が強いストレッサーであった（中澤，1977）。強いストレッサーを仲間関係に絞ってみると，直接的に攻撃（暴力）を受けること，仲間への気づかい，疎外感・孤立感，トラブルメーカーの存在という 4 因子が見出された（小石，1995）。このように，友人関係には強いストレスがつきまとうのである。

　また仲間関係のなかで，いじめが重要なストレッサーとなって

表 9-2 「学校ストレス」に関する因子と因子パターン (森下・津村, 1998)

	項　目	1	2	3	4
1. 勉強	1. 勉強のやり方がわからなかった	.766	.045	-.042	.029
	2. 勉強についていけないと思った	.750	.044	.051	-.045
	3. 勉強の内容がむずかしいと思った	.719	-.095	.089	.089
	4. 授業がわかりにくかった	.659	.172	.161	-.065
	5. テストの点数が悪かった	.606	-.046	.084	.105
2. 先生	6. 先生が自分の気持ちをわかってくれなかった	.055	.777	-.010	-.001
	7. 先生が努力をみとめてくれなかった	-.020	.738	.041	.013
	8. 先生のことばやおこないに思いやりがないと思った	.078	.738	.112	-.178
	9. 先生に信じてもらえなかった	-.091	.713	-.009	.105
	10. 先生にきずつくことを言われた	.014	.657	-.003	.060
	11. 先生がこわかった	.056	.298	.012	.225
3. 授業	12. 授業が6時間目まであって「いやだな」と思った	-.037	-.041	.734	.054
	13. きらいな授業	.170	.028	.647	-.013
	14. 授業がおもしろくなかった	.149	.204	.616	-.167
	15. 日曜日などの次の日「学校に行きたくない」と思った	.018	.066	.579	.027
	16. テストの連続で「いやだな」と思った	.202	-.033	.563	.010
4. 失敗	17. 先生におこられた	.032	.298	-.120	.493
	18. 宿題が多かった	-.042	-.031	.122	.426
	19. みんなの前で発表して、まちがえた	.165	.047	-.065	.425
	20. 先生がこまかいところまで注意した	-.066	.279	.094	.362
	21. 宿題をわすれた	.194	-.011	.039	.359
	22. 何かして、失敗した	.128	.095	.026	.326
	23. 学校へ遅れてきた	.089	.119	.035	.089
	24. 係や学級委員の仕事が「いやだな」と思った	-.086	.029	.316	.287

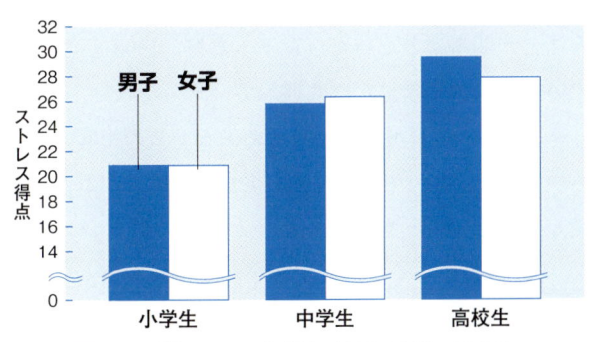

図 9-3 「総ストレス」得点 (森下・津村, 1998)

いる。それには表9-3のような因子が見出されている（森下・津村，1998）。「悪口」「恐喝」「無視（仲間はずれ）」「暴力」の4因子のなかで，暴力因子の内容はなぐるけるのような直接的な暴力のほかに，机や椅子をけられる，持ち物をかくされるなどのように間接的な暴力も含んでいるのが特徴である。

これら4因子の合計点（総いじめ得点）について，小・中・高校生ごとに平均値を示したのが図9-4である。男子では学年が進むとともに得点が低下しているのに対して，女子では中学生が最大の値を示している。また，小学生と高校生では男子のほうが女子より得点が高く，中学生では差がなかった。

このような4因子以外に，クラブ活動に関するものやクラスの役割に関する因子なども見出されている。ひどい暴力や恐喝はもはやいじめではなく犯罪の範疇にはいり，毅然とした学校の対応が必要だという指摘もある（鈴木，2000）。

ストレッサーと不適応行動

学校におけるストレスやいじめを受けることの多い者ほど，「抑鬱性」「攻撃性」「登校拒否感情」などのストレス反応が高いということが明らかとなった（森下・津村，1998）。さらに細かくみていくと，各学年男女に共通していえることは，「登校拒否感情」を高めるのは「授業」からくるストレスの影響であった。特に小学生の女子と，中・高校生の男女には勉強がわからないとか成績が悪いという「勉強・成績」からくるストレスよりも，「授業」そのものからくるストレスが学校へ行きたくないという「登校拒否感情」を高めていた。また，女子について，特に中学生女子の場合，仲間から笑いものにされ悪口を言われることや，

表9-3 「いじめ」に関する因子と因子パターン (森下・津村, 1998)

	項 目	1	2	3	4
1.悪口	1. からかわれる	.797	−.031	−.106	−.029
	2. 笑い者にされる	.686	−.012	−.004	−.099
	3. 悪口を言われる	.672	.001	−.000	.003
	4. バカにされる	.625	−.029	.178	−.063
	5. いやなあだ名を言われる	.539	−.015	−.011	−.144
	6. 身体的な特徴をばかにされる	.465	−.010	.134	−.024
	7. ヒソヒソないしょ話をされる	.438	.029	.380	.178
	8. 悪いことをしてないのに自分のせいにされる	.396	.083	.096	−.198
	9. 物をかしてもらえない	.374	.014	.173	−.004
2.恐喝	10. 物やお金を要求される	−.002	.810	.008	−.009
	11. 万引をさせられる	−.093	.603	−.050	−.085
	12. 変なもの(虫など)を食べさせられる	−.004	.430	.026	.044
3.無視	13. 話の中にいれてもらえない	.193	.158	.677	.119
	14. 話しかけても無視される	.145	.060	.662	−.005
	15. 仲間はずれにされる	.219	.033	.637	.086
	16. 必要な連絡など伝えてもらえない	−.084	.070	.523	−.177
	17. 机をはなされる	−.130	−.126	.498	−.298
4.暴力	18. プロレスなどの技をかけられる	.095	−.129	−.068	−.696
	19. 持ち物をかくされる	−.034	.035	.077	−.650
	20. 机や椅子をけられる	.139	−.111	.146	−.574
	21. 自分の物をとられる	−.002	.248	.065	−.564
	22. おどされる	.035	.157	.082	−.561
	23. 遊びの中で痛めつけられる	.215	.092	.038	−.549
	24. カバンもちや使い走りをさせられる	−.049	.340	.011	−.546
	25. 足をひっかけられたり, ころばされたりする	.096	.111	.125	−.466
	26. たたかれたり, なぐられたりする	.316	.205	−.113	−.382
	27. 持ち物や, 机に落書きされる	.252	.069	−.074	−.313
	28. 下着を脱がされる	.074	.180	.088	−.086
	29. バイキンのようにあつかわれる	.227	−.070	.276	−.031
	30. 約束をすっぽかされる	.198	−.026	.207	−.224

ストレッサーと不適応行動

仲間から無視され仲間はずれにされることが,「暴力」以上に大きな苦しみを与えていることが明らかとなった。

　ストレス反応が,学年とともにどのように変化するかについて,研究結果は次のような特徴を示した。すなわち,抑鬱性について図9-5 に示すように,男女ともに学年が進むにつれて抑鬱性が高くなっていた。抑鬱性の性差は,小学生ではみられなかったが,中学生では女子のほうが高く,高校生では男子のほうが高かった。また,攻撃性と登校拒否感情については,学年が進むにつれてそれぞれ上昇していた。そのなかで,特に小学生の女子は攻撃性が低かった。以上のように,小学生は中・高校生に比較して抑鬱性や攻撃性,登校拒否感情が低いということが明らかとなった。

● アセスメントの問題

　子どものストレスやストレス反応を測定したり,不適応行動を観察して評価するのは簡単ではない。一般的にこのような測定や評価をさしてアセスメント（査定）とよんでいる。最近,軽度発達障害（学習障害,注意欠陥・多動性障害,高機能広汎性障害）についてのアセスメントが注目されている。それと同じように,子どもの不適応行動についても,どのようにアセスメントを行い,どのように対応するかが重要な課題となっている。

　そういった子どもたちの不適応行動はどのようなものか,それはどのようにして生じるのか,どのようにしてその問題を解決するのか,といったことについて理解・対処するために,まずアセスメントが必要となる。子どもの不適応行動をめぐって,それぞれの子どもをとりまく環境やそれとの相互作用の特徴についてアセスメントしなければならない。その上で,次のような具体的な

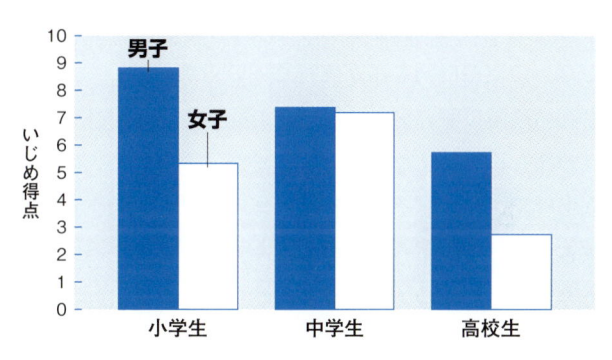

図 9-4 「総いじめ」得点 (森下・津村, 1998)

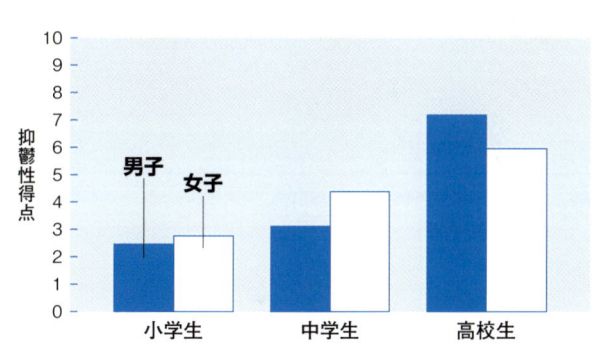

図 9-5 「抑鬱性」得点 (森下・津村, 1998)

課題に対する方策を立てる必要がある。

1. どの時点で、誰がどのようなアセスメントをどのようにして行うか。その際、アセスメントについて誰がどのようにして保護者の了解をとるか。
2. 誰がどのようにして支援計画を立てるか。
3. 子どもへの支援計画を誰が実行していくか。

　いずれの段階においても、保護者の同意と協力が必要となるが、この点が難しい課題となっている。また、アセスメントおよび個別の支援計画の作成とその実行にはきわめて専門的な知識と技能が要求される。このような取組みは一人ではできないので、担任や保護者をはじめ複数の人たちからなるチームを組む必要が生じてくる。したがって、誰かに任せておけばよいというのではない。いずれにせよ、学校の担任には不適応行動の理解と指導・支援について深い専門性が要求される。

🔵🔵🔵 参考図書

中西信夫・古市裕一・三川俊樹 (1993). ストレス克服のためのカウンセリング　有斐閣

　ストレスとは何か，ストレスはどのようにしておこるか，どのような人がストレスに陥りやすいかをはじめ，ストレスへの対応や予防の仕方などについて，わかりやすく書かれた本である。

クーパー, C. L.・デューイ, P. (著) 大塚泰正ほか (訳) (2006). ストレスの心理学——その歴史と展望——　北大路書房

　ストレス研究の歴史ついて詳しく書かれており，ストレス研究の代表者であるラザルスの理論を中心に紹介している。

加藤　司 (2008). 対人ストレスコーピングハンドブック——人間関係のストレスにどう立ち向かうか——　ナカニシヤ出版

　対人ストレスコーピングの種類，コーピングについての実証研究の紹介・解説を，専門的でありながら理解しやすく記述している。引用文献も充実している。

不登校 10

　学校へ行けない子どもの問題は従来からあり，かつては学校恐怖症とよばれ，その後長い間，登校拒否とよばれてきた。そのようなよび方は誤解をまねくこともあって，最近では現象のみをさして不登校とよばれている。

　そもそも不登校とは何なのだろうか，また不登校にはどのような種類があるのだろうか。さらに，不登校の現状はどのようなものなのか，そのきっかけと原因は何か，このような点についても学んでいきたい。

　不登校は子ども本人だけの問題ではなく，周りの人（特に保護者や担任教師）にとっても深刻な問題である。そのようななかで，不登校の子どもの親は何を思いどのような願いをもっているのであろうか。

　以上のような点を明らかにしながら，不登校に対してどのように対応したらよいか，どうしたら不登校を防ぐことができるか，といったことについて考えていきたい。

不登校の定義と類型

これまで登校拒否とよばれていたものが，最近では不登校とよばれるようになった。それぞれの用語には歴史的な意義があり，文字から受ける印象も異なるので，研究者によっては両者は異なるものと理解している場合もある。しかし，今日では一般的に同じ意味で使われている。ちなみに登校拒否という言葉は自らの意志によって登校を拒否するような印象を与えるが，当初，熱があって食べ物を吐く（胃が拒否する）ときのように，意志とは関係のない状態をさしていた。

今日まで出版されている本の多くは不登校のなかでも「情緒的混乱（神経症的）」タイプを扱っているので，不登校にはこれしかないと誤解されることが多い。したがって，すべて同じ方法で対処できるものと考えている人がいるかもしれない。

しかし，不登校には次にあげるようにさまざまな類型（態様）があり，その対応も自ずと異なる。長期に学校を欠席する生徒は表 10-1 のように分類される（佐藤，1996）。不登校というのはこのなかで心理的事由によるものがあてはまる。

文部科学省（以下「文科省」と略記）では不登校を「1 年間に 30 日以上の欠席（連続しての欠席に限らない）をした児童生徒」とし，それを表 10-2 のように分類している（文科省，2009）。

不登校の実態

平成 20 年度，小・中学生の不登校の児童生徒数は 126,805 名で，発生率は 1.18％であった（文科省，2009）。そのうち小学生は 22,652 名で発生率は 0.32％，中学生は 104,153 名で発生率は 2.89％（35 人に 1 人であり，発生率は昨年に比較してやや下降して

表 10-1　不登校状態の類型（佐藤，1996）

1. 経済的または親の教育的関心の貧困によるもの
2. 心身の疾病によるもの
   (1) 身体疾患・障害によるもの
   (2) 精神障害によるもの
3. 精神遅滞または重い学業不振によるもの
4. 心理的事由によるもの
   (1) 神経症的登校拒否
      ㋐分離不安型，㋑自己喪失型，㋒性格未熟型
   (2) 非行・怠学的登校拒否
   (3) 無気力的登校拒否
   (4) 学校回避的登校拒否
5. 合理的客観的事由によるもの
6. 意識的意図によるもの
7. 一過性のもの

表 10-2　不登校状態が継続している，または継続していた理由（文科省，2009）

区　分	小学校	中学校	計
いじめ	190 0.8%	1,028 1.0%	1,218 1.0%
いじめを除く他の児童生徒との関係	2,082 9.2%	14,925 14.3%	17,007 13.4%
教職員との関係	385 1.7%	728 0.7%	1,113 0.9%
その他の学校生活上の影響	1,238 5.5%	7,713 7.4%	8,951 7.1%
あそび・非行	222 1.0%	12,402 11.9%	12,624 10.0%
無気力	6,459 28.5%	30,444 29.2%	36,903 29.1%
不安など情緒的混乱	9,762 43.1%	34,653 33.3%	44,415 35.0%
意図的な拒否	1,475 6.5%	7,026 6.7%	8,501 6.7%
その他	4,727 20.9%	10,481 10.1%	15,208 12.0%

（注1）複数回答可とする。
（注2）パーセンテージは，各区分における不登校児童生徒数に対する割合。

いる。学年別にみると，中学生になると急激に人数が増え，中学3年生がピークとなっている（図10-1）。

　文科省による不登校の内訳は表10-2のように現在9つに分類されている。このなかで発生率の多い代表的なものは「不安など情緒的混乱」と「無気力」である。ついで「いじめを除く他の児童生徒との関係」が多く，「あそび・非行」は従来に比べて少なくなっている。実際に分類が難しいケースや複合しているものもある。これまで多くの著書で扱われてきたのは「不安など情緒的混乱」のタイプであった。しかし，表にあるすべての類型を考慮しなければ，今日の学校における不登校問題の解決には近づけない。

● 不登校のきっかけと原因

　不登校となったきっかけについて，結果が表10-3にあげられている（文科省，2009）。小・中学生に共通して非常に多いのは「その他本人に関わる問題」である。それ以外に多いのは「いじめを除く友人関係をめぐる問題」「親子関係をめぐる問題」であり，小学生には「家庭の生活環境の急激な変化」，中学生には「学業の不振」があげられる。ここで「その他本人に関わる問題」が非常に高率であるが，きっかけがよくわからない場合はここに分類されるというケースが多いだろう。

　このようなきっかけとは別に不登校の原因はもっと根の深いところにあると考えている人もいる。佐藤（1996）は，その背景因を図10-2のようにまとめているが，そのなかで本人特性と家庭の要因を重視している。そのような文脈のなかで，従来，不登校の原因を探るために不登校児やその両親の特徴，親の養育態度の

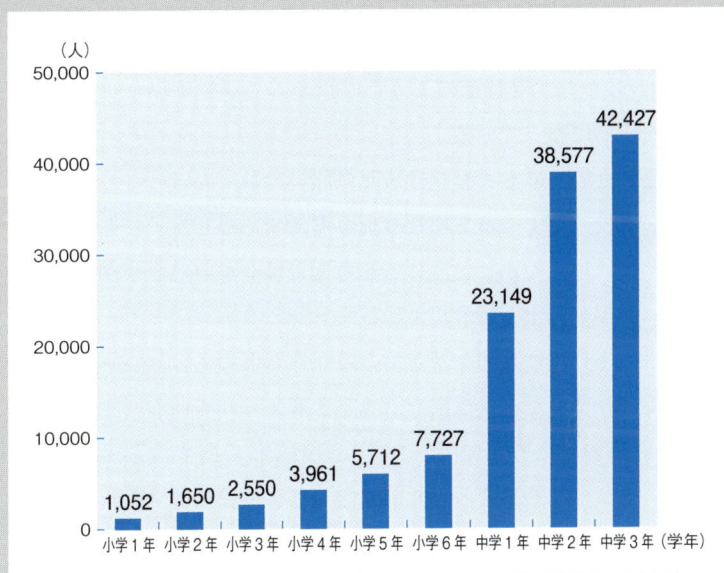

図 10-1　学年別の不登校児童生徒数（国公私立の合計）（文科省，2009）

学年	人数
小学1年	1,052
小学2年	1,650
小学3年	2,550
小学4年	3,961
小学5年	5,712
小学6年	7,727
中学1年	23,149
中学2年	38,577
中学3年	42,427

表 10-3　不登校となったきっかけと考えられる状況（文科省，2009）

区分	小学校	中学校	計	区分	小学校	中学校	計
いじめ	498人 2.2%	3,187人 3.1%	3,685人 2.9%	家庭の生活環境の急激な変化	2,328人 10.3%	5,496人 5.3%	7,824人 6.2%
いじめを除く友人関係をめぐる問題	2,747人 12.1%	20,692人 19.9%	23,439人 18.5%	親子関係をめぐる問題	4,263人 18.8%	9,801人 9.4%	14,064人 11.1%
教職員との関係をめぐる問題	654人 2.9%	1,583人 1.5%	2,237人 1.8%	家庭内の不和	1,369人 6.0%	4,611人 4.4%	5,980人 4.7%
学業の不振	1,470人 6.5%	11,391人 10.9%	12,861人 10.1%	病気による欠席	2,010人 8.9%	7,239人 7.0%	9,249人 7.3%
クラブ活動，部活動等への不適応	59人 0.3%	2,655人 2.5%	2,714人 2.1%	その他本人に関わる問題	9,540人 42.1%	42,683人 41.0%	52,223人 41.2%
学校のきまり等をめぐる問題	179人 0.8%	4,642人 4.5%	4,821人 3.8%	その他	2,607人 11.5%	4,721人 4.5%	7,328人 5.8%
入学，転編入学，進級時の不適応	758人 3.3%	4,113人 3.9%	4,871人 3.8%	不明	1,029人 4.5%	3,845人 3.7%	4,874人 3.8%

（注1）複数回答可とする。
（注2）パーセンテージは，各区分における不登校児童生徒数に対する割合。

不登校のきっかけと原因

特徴などについて多くの研究がなされてきた（佐藤，1996；稲村，1994）。しかし，今日そのような視点からの研究は少なく，視点は学校現場に移っている。

　前述した以外にも不登校予備軍は相当の数にのぼっており，子どもが学校に行くことを当たり前と考えず，むしろ子どもたちはなぜ学校に行くのかということを考えたほうがいいという指摘もある（森田・清永，1997）。

　従来，不登校は特別な子どもだけがなると考えられていたが，今日では誰でもが不登校になりうると考えられている（文部省，1990）。この考え方が提唱された後，不登校に関する考え方が以下のように根本的に変わった。すなわち①不登校は早期発見・早期対応が可能だということ，②その原因についての焦点は家庭から学校に移ったということ，③不登校児は専門家だけに任せればいいのではないということ，の3点である。したがって，学校や教師の役割がいっそう重要だということになった（佐藤，1996）。

　きわめて強烈なストレスが持続すれば，誰もが不登校になりうるといえるだろう。したがって，親子関係だけでなく，学校をはじめとするさまざまな環境要因が注目されてきたことは重要なポイントである。しかし，同じような状況のなかで不登校になる者とならない者がいるとすれば，環境だけの一方的な影響ではなくて，子どもとその環境との相互影響過程を考慮する必要がある。

　ここで，不登校は子ども本人の問題だといっているのではないことに注意してほしい。子どものパーソナリティの発達という観点に立てば，不登校問題も子どもと環境とのダイナミックな相互作用という視点から理解する必要があるだろう。したがって，個々の子どもやその環境への対応も異なってくる。

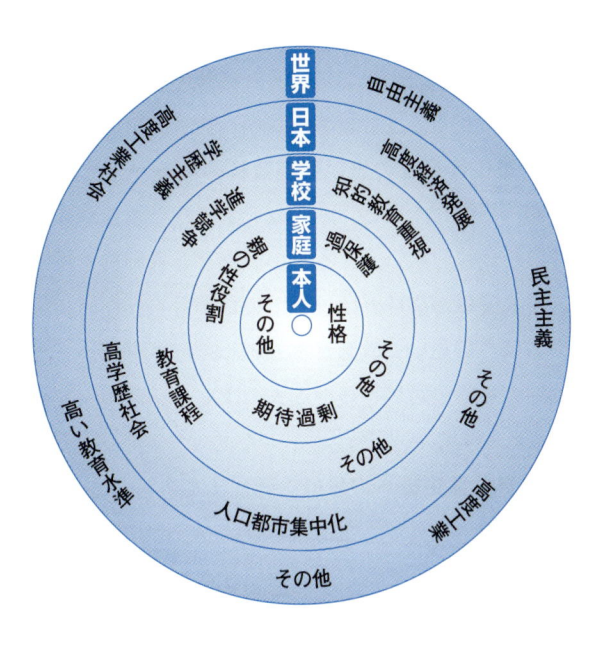

図 10-2　登校拒否発症の主な背景因（佐藤，1996）

🌐 不登校児の親の思い

不登校の子どもをもつ親たちはどのような思いをもっているのであろうか。母親 8 名からなるワークショップの結果が，次のようにわかりやすくまとめられている（和歌山県青少年問題協議会専門委員会，2005）。

1. **親の思い**：親自身が最初は不登校を理解できず対処もできなかったことが示された。そして，それは親のせいだと考えたり，他者から責められることで自信を失い，精神的に非常に苦しんだ。

2. **不登校児童生徒自身の思いや不登校のきっかけ**：自分のしんどさをわかってもらえない，本人は元気そうなふりをするが本当はそうではない。「うざい」「きもい」などと言われて深く傷ついていた。友人関係がよければ違っていたかもしれない。

3. **学校や教師への思い**：教師が本人のしんどさをわかってくれず，学校や教師の対応・対処と親や本人の求める援助の内容や時期にしばしばずれがある。

4. **周りの親や児童生徒への思い**：親同士でも理解されないこともあるが，親同士の具体的な情報が役に立った。子どもたちも不登校の子どもを理解してほしい。お兄さんお姉さん的存在からの理解が支えになる。

5. **学校のあり方や相談体制**：学校における相談体制が不十分で，相談窓口などについての情報が乏しい。相談することで気が楽になるということがもっとも求められている。

6. **支援体制について**：不登校児の居場所や相談体制が不十分である。不登校児の特徴や状態，状況に応じたきめ細かい支援の必要，特に年長青年の居場所と相談体制の必要がある。また，支援についての広報やネットワークが不十分なので，充実させる必要

Topic 不登校児の問題のとらえ方と支援のあり方

　ワークショップの結果，不登校児の問題のとらえ方と支援のあり方について，次の3点が示唆された（和歌山県青少年問題協議会専門委員会，2005）。

　①不登校児本人がもっとも苦しんでいるのを理解すること。どの子も不登校になりうるということを前提にしながら，不登校児の支援や対処について考える必要がある。

　②また，不登校児をもつ親の苦しさが非常に大きいことを理解し，その親の支援も重要であること。

　③不登校問題は就学時年齢にとどまらず，むしろ学校卒業後の問題でもあること。

　これらから，不登校児本人だけを支援すればよいというわけではないこと，また，不登校が問題となる期間は在学中だけではないということがわかる。

がある。

ワークショップを通じて，不登校児の問題のとらえ方と支援のあり方について p.179 Topic のように考察されている。

🔵 不登校への対応と予防

不登校になる原因やプロセスが仮に同じであったとしても，その現れ方（タイプ）が怠学，無気力，情緒混乱というように異なる場合があるので，タイプによって異なった対応が必要である。また同じタイプであっても，その子どものそのときの状況や特徴によって対応の仕方を変えなければならないことはいうまでもない。たとえば情緒混乱タイプの場合，登校刺激は不登校状態の初期には有害であるが，後期にはそれが有効な場合があると指摘されている。

不登校児の状態が時間の経過とともにどのように変化していくかについて展望をもてることが，教師にとっても親にとってもとても大切なことである。その参考のために，表 10-4 を示す。これは情緒的混乱（神経症）タイプとよばれる子どもたちの一般的な行動特徴の変化や経過を示している（佐藤，1996）。それぞれの時期がどのぐらいの期間続くかについては個人差が大きいので示されていないが，状態の変化の流れを知ることができる。

学校で一般的に有効であった取組みが表 10-5 に示されている（佐藤，1996）。特効薬のようなものはないが，地道な取組みが有効となっている。

不登校問題において，子ども本人はもちろん，その家族，担任教師が重い悩みを抱えることになる。したがって，本人や家族，担任教師に対して，具体的に誰がどのように支援していくかが中

表 10-4　登校拒否の回復の経過（佐藤，1996）

期	段階	状態
初期 Ⅰ期	身体的愁訴の段階	子どもが頭痛や腹痛など，からだの不調を訴えている時期で，身体の調子が悪いと親も子どもも思い，まだ登校拒否の始まりと気づいていません。
初期 Ⅱ期	登校拒否の合理化の段階	親や医師が，子どものからだの不調は，心理的なものからきていると思い始めて，登校拒否を疑います。子どもは学校について不満を述べ，学校に行けない責任は学校や友だちなどにあるといいます。
中期 Ⅲ期	不安，動揺の段階	子どものいうことはいい逃れだと，親は子どもを責め，登校を求めます。家庭のなかに登校をめぐって緊張感がみなぎります。それにつれて子どもは情緒的におちつきをなくします。この時期に，親は援助を求めて病院や専門機関を訪れますし，家庭内暴力が起き始めることもあります。
中期 Ⅳ期	絶望，閉じこもりの段階	おどしたり，すかしたり，哀願したり，いろいろ試みても，事態は解決しないで悪化します。親も子どもも絶望感を覚えます。しかし，親はあきらめきれないで，子どもの具合のよい時をみはからって登校をうながしますが，子どもはおちつかず，家庭内暴力が続くこともあります。この時期には，子どもの部屋から学生服や教科書など学校に関係する物品が姿を消してしまいます。子どもの生活は乱れます。そして，子どもは外に出ないで自宅に閉じこもり始めます。閉じこもりは2～3年間も続くことがあります。
中期 Ⅴ期	あきらめ・自己思案の段階	絶望の時期を通りすぎて，親はあわててもしかたがない，1～2年休むのもよい，長い人生だと覚悟を決めると，家庭内の緊張感がしだいになくなります。一方，子どもは好きなこと，たとえば，ファミコン，ＴＶの視聴，小動物の飼育に熱中しながらも過去の自分を振り返りはじめ，「どうしてこんなことになったのか」と考えだします。
後期 Ⅵ期	回復の段階	子どもは，また一段と生活のなかでおちつきを見せはじめ，親やきょうだいが学校について触れても嫌がらず，ときには，その話に乗ってきます。乱れていた日常生活——起床，就寝時間，食事，室内の掃除，頭髪の手入れ，服の着脱——に活気とけじめが戻ってきます。隠していた学生服，本，ノートなどが少しずつ部屋の中に姿を現すようになります。
後期 Ⅶ期	学校復帰の段階	4月，9月，1月などの学期はじめや，修学旅行などの学校行事をきっかけに専門機関や学校のもとに復帰します。行ったり休んだりの散発的な登校からしだいに出席日数が増え，そして，完全に学校に復帰します。
後期 Ⅷ期	完全な回復の段階	完全に登校拒否から脱して，健全な生活をするようになります。親も子どもも学校へ行けなくなるかもしれないという不安から解放されます。

不登校への対応と予防

心課題となる。学校内では，担任教師や養護教諭，教育相談・生徒指導担当者，校長などの管理者，スクールカウンセラーが相互にどのようなチーム（システム）を組み協力しあうかが問われている。しかし，学校だけでは限界があるので，教育委員会や相談専門機関，地域の福祉関係者（主任児童委員など）の協力を得て，どのように連携していくかが課題となっている。

連携が有効に機能するためには，次のような点への注意が必要である。

1. 誰がどのようなニーズをもっているかを明確にすることである。子ども本人や家族，担任のニーズはもちろんのこと，学校自身の限界とニーズを明確にすることが重要である。
2. それぞれ関係者自身，自分は何ができ何ができないかを明らかにし，相互にその内容を認識すること。
3. どこで誰がコーディネーターとなってシステムを機能させるかが重要である。すでに，学校や村や町単位で不登校問題に取り組み，連携し，成果をあげているところもある。

今日，家庭の教育機能を大切にしながら，家庭だけでなく，広く学校や地域や社会全体で子育てに責任をもたなければならない時代にきている。

表10-5 「指導の結果登校できるようになった児童・生徒」に特に効果のあった学校の措置の区分・内容（佐藤，1996）

	区分	内容
学校内での指導の改善工夫	全教師の共通理解	登校拒否の問題について，研修会や事例研究会等を通じて全教師の共通理解をはかった。
	学校全体での指導	すべての教師が当該児童生徒に触れ合いを多くするなどして学校全体で指導にあたった。
	教育相談担当教師の指導	教育相談担当の教師が専門的に指導にあたった。
	友人関係の改善の指導	友人関係を改善するための指導を行なった。
	教師との関係改善	教師との触れ合いを多くするなど，教師との関係を改善した。
	授業，指導方法の工夫	授業方法の改善，個別の指導など授業がわかるようにする工夫を行なった。
	意欲をもたせる活動の場の用意	さまざまな活動の場面において本人が意欲をもって活動できる場を用意した。
	保健室等への登校，指導	保健室等，特別の場所に登校させて指導にあたった。
家庭へのはたらきかけ	電話をかけたり迎えにいく	登校をうながすため，電話をかけたり迎えにいくなどした。
	家庭訪問を行ない指導する	家庭訪問を行ない，学業や生活面での相談にのるなどさまざまな指導支援を行なった。
	家族関係等の改善をはかる	保護者の協力を求めて，家族関係や家庭生活の改善をはかった。
他機関との連携	相談機関との連携	教育相談センター等の相談機関と連携して指導にあたった。
	病院等の治療機関との連携	病院等の治療機関と連携して指導にあたった。

🔵🔵🔵 参考図書

稲村　博（1994）．不登校の研究　新曜社

　不登校に関する従来の研究を幅広く紹介し，まとめた本であり，不登校研究の流れを知るのに適した専門書。

佐藤修策（1996）．登校拒否ノート——いま，むかし，そしてこれから——　北大路書房

　登校拒否（不登校）について幅広くわかりやすく書かれた本で，不登校についての基本的な問題を図や表に示しながら説明している。特に学生や教員にとって役に立つ本である。

いじめ 11

　いじめは昔からあった，そのようななかでみんな大きくなってきた，という人もいる。しかし，現代のいじめは昔とは違う。それではどのように違うのだろうか。そもそもいじめとけんかはどう違うのか。これらの点を明確にすることが大切である。

　どのようないじめが，どこで生じているのか。いじめはなぜおこるのだろうか，その原因は何であるのか。また，いじめが生じるクラスの特徴はなにか，そして担任教師はどのような役割を担うべきか。さらに，新しいタイプのいじめであるネットいじめの実態についてもみてみることにする。

　このようにいじめの実態や特徴について理解を深め，その根本に潜む問題を考えつつ，いじめの発見・対処・予防のための具体的な対策を探りたい。

今日のいじめの実態

　昔も**いじめ**はあったといわれているが，昔と違って今日のいじめは次のような特徴がある。それは，①陰湿化，②長期化，③いじめ行為の正当化，④偽装，⑤巧妙化，である（小林，1985）。毎日のように執拗に，長期にわたって繰返しいじめが行われるという深刻な状況のなかで，これまでいじめられた子どもが自殺に追い込まれるケースが数多くあった。また，大学生や大人になってもその影響を引きずっている人も少なくない。鈴木（2000）は，いじめ問題を考えるとき，最終的には人間は善か悪かという人間性の深い問に至らざるを得ないとしている。いじめはそれほど深い問題を含んでいる。

　文部省では，1994年（平成6年）に「いじめ」を「①自分より弱い者に対して一方的に，②身体的・心理的な攻撃を継続的に加え，③相手が深刻な苦痛を感じているもの」と定義した。平成20年度の実態調査によると，全国におけるいじめ認知件数の総数は84,648件で，その内訳は小学校40,807件，中学校36,795件，高等学校6,737件，特別支援学校309件であった（文科省，2009）。この2年間は全体で毎年約2万人ずつ減少している。小学生についてみると，1年生4,498件から6年生8,690件と学年が進むとともに件数が増加していた。中学1年生では約2倍の17,516件となっており，もっとも多かった。

　平成17年度の認知総件数は20,143件であった。この年は国立・私立学校が調査対象に含まれていないが，公立学校について比較すれば，件数は著しく増加している。これは調査内容の変更に伴うものと考えられる。

　いじめの内容（態様）は，**表11-1**に示す通りである。一番多

表 11-1　いじめの態様（文科省，2009）

区分	小学校	中学校	高等学校	特別支援学校	計
冷やかしやからかい，悪口や脅し文句，嫌なことを言われる	26,925 66.0%	23,332 63.4%	3,842 57.0%	173 56.0%	54,272 64.1%
仲間はずれ，集団による無視をされる	9,999 24.5%	7,721 21.0%	1,054 15.6%	30 9.7%	18,804 22.2%
軽くぶつかられたり，遊ぶふりをして叩かれたり，蹴られたりする	9,388 23.0%	6,520 17.7%	1,491 22.1%	47 15.2%	17,446 20.6%
ひどくぶつかられたり，叩かれたり，蹴られたりする	2,431 6.0%	2,691 7.3%	625 9.3%	24 7.8%	5,771 6.8%
金品をたかられる	811 2.0%	1,039 2.8%	432 6.4%	19 6.1%	2,301 2.7%
金品を隠されたり，盗まれたり，壊されたり，捨てられたりする	3,168 7.8%	3,280 8.9%	539 8.0%	28 9.1%	7,015 8.3%
嫌なことや恥ずかしいこと，危険なことをされたり，させられたりする	2,721 6.7%	2,479 6.7%	698 10.4%	30 9.7%	5,928 7.0%
パソコンや携帯電話等で，誹謗中傷や嫌なことをされる	457 1.1%	2,765 7.5%	1,271 18.9%	34 11.0%	4,527 5.3%
その他	1,541 3.8%	1,142 3.1%	394 5.8%	6 1.9%	3,083 3.6%

上段：件数，下段：構成比
（注1）複数回答可とする。
（注2）構成比は，各区分における認知件数に対する割合。

今日のいじめの実態

いのは「冷やかし・悪口など」で全体の64.1％を占めている。ついで「仲間はずれ・無視」で22.2％であった。「軽い暴力」と「ひどい暴力」をあわせると27.4％となっていた。パソコンや携帯電話などによる「ネットいじめ」は全体で5.3％（4,527件）であったが，高等学校ではきわめて高率であった。

1,000人あたりの認知件数は全体で12.0件であった。都道府県によって多少の変動があり，北海道，秋田県，福島県，愛媛県，宮崎県は低い値で，10.0を切っていた。一般に，このような認知件数は表に現れたもので，実際のいじめの発生件数はもっと多いのではないかといわれている。

いじめの実態

筆者らは，和歌山県下の小学生（4，5，6年生），中学生，高校生約4,500名の児童生徒とその保護者，および約1,500名の教師を対象に「いじめ」に関する調査を行った（森下，1997）。概略は次のような結果であった。

1. どの程度いじめが発生しているのか：「いじめを受けたことがある」と答えた者は小学生19.0％，中学生21.2％，高校生15.0％であった。そのうち，「現在いじめを受けている」者は小学生8.3％，中学生5.5％，高校生1.4％であった（図11-1）。この結果は，中学生と高校生では他の県の調査結果（山口県いじめ問題対策協議会，1996）の結果とほぼ同じであった。小学生では和歌山県のほうが「いじめ」を受けた数値が低くなっていた。

2. いじめる相手は誰か：「同じクラスの人」が一番多かった。

3. どのようにしていじめられたか：図11-2に示すように，「悪口（からかい）」「無視（仲間はずれ）」が全体に多かった。いじめの内容ごとの出現率は学年差があり，「無視（仲間はずれ）」は

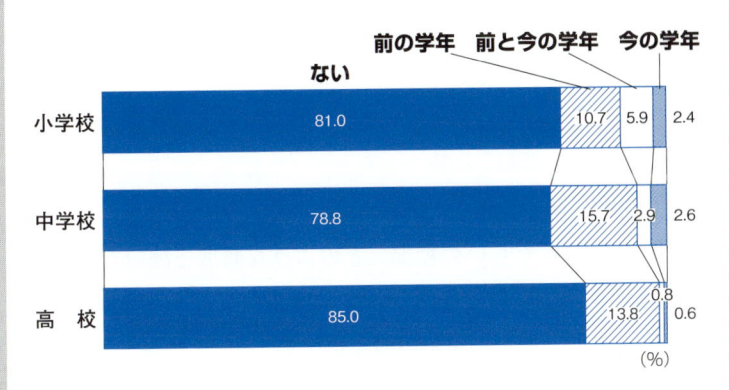

図 11-1　いじめを受けた経験の有無（森下, 1997）

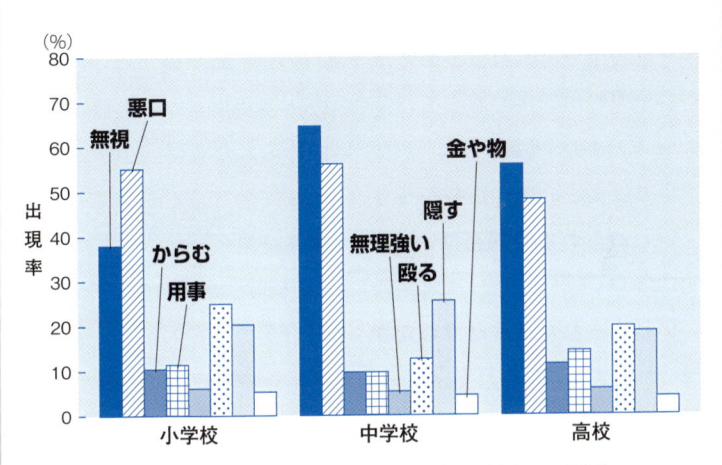

	ない	前の学年	前と今の学年	今の学年
小学校	81.0	10.7	5.9	2.4
中学校	78.8	15.7	2.9	2.6
高校	85.0	13.8	0.8	0.6

図 11-2　どのようにしていじめられたか（森下, 1997）
用事：用事の使い走りにされる。
無理強い：やりたくないことを強制される。
隠す：自分のものを隠される。
金や物：金や物をゆすられたり盗まれたりする。

今日のいじめの実態

小学生よりも中学生や高校生のほうが高かったのに対して,「殴る（蹴る）」の出現率は中学生ではむしろ低かった。また,「無視（仲間はずれ）」は一般に女子のほうが多いのに対して,「殴る（蹴る）」は男子のほうが多かった。このように,学年が進むとともに「いじめ」は暴力の姿をとらないことが多くなるという点と,女子にその傾向が大きいという点に留意しなければならない。

4. **いじめはどれぐらいの期間，どのような頻度で続いたか**：いじめの期間について，図 11-3 に示すように，小学生では「1回」「1週間」と短いのが多いのに対して，中・高校生では「2〜3カ月」「半年〜1年」「1年以上」と長くなっていた。この点は山口県の結果と同じであった。いじめの頻度については，図 11-4 のように小学生では「たまに」が一番多いのに対して，中学生・高校生では半数以上の者が「毎日のように」いじめられていた。ただし小学生でも，それは 26.0％と看過できない数値になっている。また，「毎日のように」いじめられた者は，小学生・中学生では女子のほうが多かった。

5. **いじめられる時間帯はいつか**：「休み時間・昼食時間」が圧倒的に多く，「授業の前」「放課後」「登下校時」が続いていた。

6. **いじめられたときどうしたか**：図 11-5 に示すように，全体に「我慢した」がもっとも多く半数以上を占めていた。続いて，小学生では「やり返した」「やめてと言った」が多いのに対して，中学生では「何もできなかった」が高率であった。なお，いじめを受けていたときに，そのことを誰にも言わなかった者は中学生では第1位で 32.7％となっていた。男女差については，「我慢した」「何もできなかった」のは女子のほうが多く，「やめてと言った」「やり返した」のは男子のほうが多かった。

	1回	1週間	2週間	1カ月 2〜3カ月	半年〜1年	1年以上
小学校	29.8	18.1	7.9	8.7	10.2	11.7	13.6
中学校	8.0	10.4	11.5	12.4	19.8	21.7	16.2
高 校	6.4	10.6	12.1	9.9	16.3	23.4	21.3

(%)

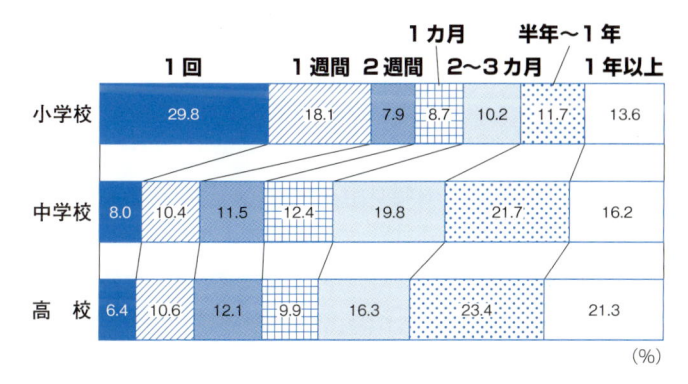

図 11-3 いじめの期間 (森下, 1997)

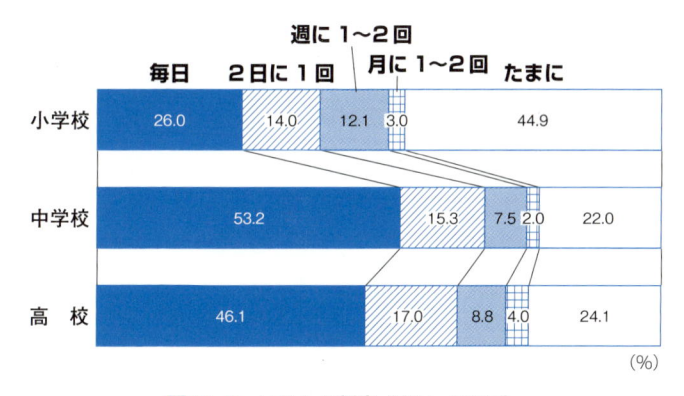

	毎日	2日に1回	週に1〜2回	月に1〜2回	たまに
小学校	26.0	14.0	12.1	3.0	44.9
中学校	53.2		15.3	7.5	2.0	22.0
高 校	46.1		17.0	8.8	4.0	24.1

(%)

図 11-4 いじめの頻度 (森下, 1997)

今日のいじめの実態

このようにみてくると，小学生と中学生・高校生のいじめの実態には相違点が認められる。小学生の場合，「現在いじめられている」と答えた者が一番高率ではあるが，そのなかには，「1回だけ」「たまに」という者が多く，さらに，いじめられたとき「やり返した」という者もかなり多く含まれていた。それに対して，中学生・高校生の場合，いじめの期間は半年から1年，1年以上という者が増加し，「毎日のように」いじめられている者が多かった。また，いじめに対して「何もできなかった」という者が多く，中学生や高校生のいじめの多くは深刻なものになっていることがわかる。小学生では全般的にはまだそれほど深刻ではないようである。

いじめに気がついたときどうしたか

　「いじめに気がついたときにどうしたか」という問に対して，「やめるように言った」という者は少なく，「（やめるように）言えなかった」「知らないふり（をした）」と回答した者が全体に多かった（図11-6）。また，そのことを「友だち」に相談した者は多いが，「先生」に相談した者は中学生・高校生になると少なかった。このことが一般に先生がいじめを知ることの障壁になっている。

いじめに関する意識

　「いじめは絶対にいけないことだ」「いじめをみたらやめるように言うことが大切だ」という意見に賛成する者が90％を超えていた。しかし，実際にやめるように言えるかとなると別問題であった。また，「いじめか，ふざけ半分かわからない」という者が70％近くいて，この見分け方の難しさを物語っている。

　ここで注目すべき結果は，「自分もいじめられないかと心配

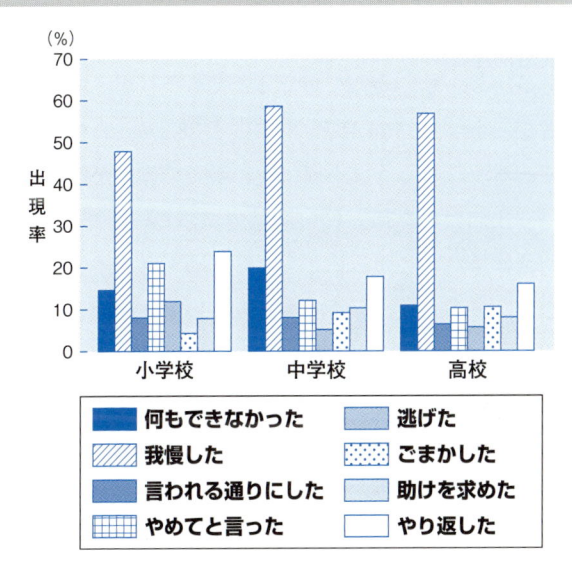

図 11-5　いじめられたときどうしたか（森下, 1997）

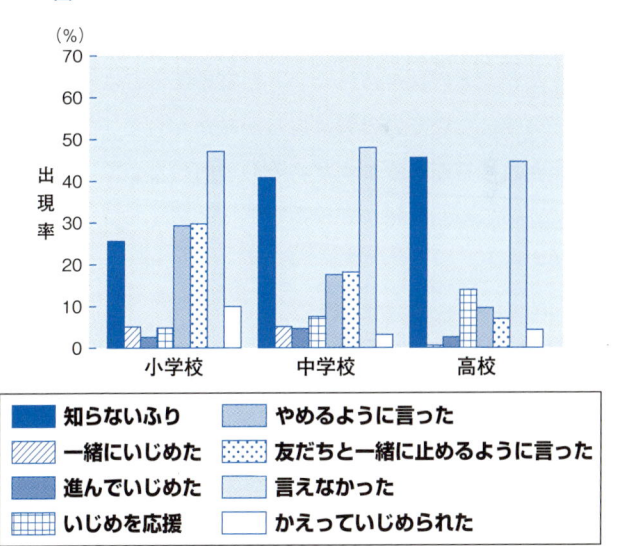

図 11-6　いじめに気がついたときどうしたか（森下, 1997）

今日のいじめの実態

だ」という者が小学生・中学生で約50％，高校生で約40％いたことである。しかも，そのなかで「とてもそう思う」と強い不安を示す者が，小学生で34.4％，中学生で28.2％，高校生で19.7％いたのである。このような不安は特に女子のほうが強かった。この結果は，山口県の結果とほぼ同じであった。したがって，「いじめ」問題は単にいじめる子どもといじめられる子どもだけの問題ではなく，多くの子どもを巻き込んでいる。そのような点を反映してか，「自分はいじめに関わりたくない」と思う者は，80～90％に達している。しかし，「いじめ」問題の解決の中心は，子どもたち自身が「いじめ」問題を自分自身の問題として取り組んでいく勇気と熱意にある。私たち大人には，それをどのように援助し支えていくかという課題と責任とがある。

「あなたは学校へ行きたくないと思ったことがありますか」という問に対して，「よくある」と強く感じている者は，学年とともに多くなり，その反対に「ない」と言い切る者は学年とともに減少しており，たいていの者は何らかのかたちで「学校へ行きたくない」と思う日があるようだ。その理由のなかで，授業や勉強とともに「いじめ」問題が登校拒否感情と関連しているということが指摘できる。

🔵 いじめの理由・原因

筆者らの調査結果（図 11-7）から「いじめ」の理由として，「いやなことを言ったりしたりするから」「何となくむしゃくしゃしたから」「みんながするから」が全体的に高率であった。その他さまざまなものがあげられていたが，このようないじめの理由を表 11-2 のように分類することができる。

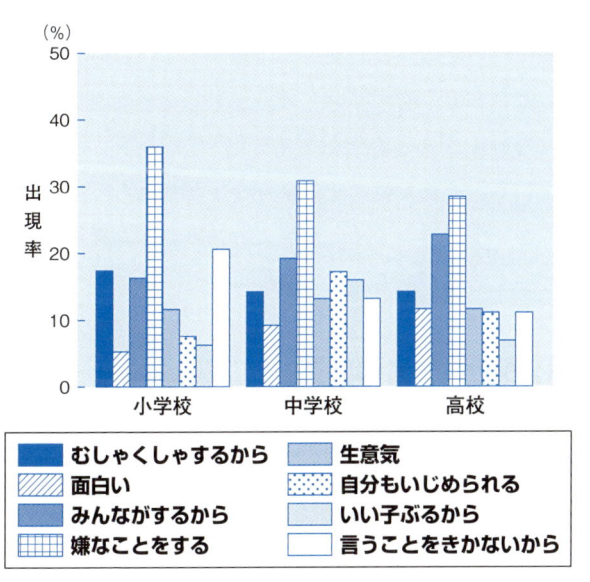

図 11-7　いじめの理由（森下，1997）

凡例：
- むしゃくしゃするから
- 生意気
- 面白い
- 自分もいじめられる
- みんながするから
- いい子ぶるから
- 嫌なことをする
- 言うことをきかないから

表 11-2（1）　いじめの理由の分類（森下，1997）

1. 「いやなことを言ったりするから」「生意気だから」「注意しても言うことを聞かないから」「いい子ぶるから」という理由でたくさんいじめが生じている。このような理由のなかに，いじめる側には罰を与えているのだとか正義のためにやっているだという思いがあるのだろう。しかし，そのような「罰」や「正義」は自己の行為の正当化であることが多い。したがって，このような場合，いじめられる側にも原因や誘引因があるのだからと放置したり，いじめられている子どもの責任だと考えて，本人を責めたり説教したりしてしまう危険性がある。「注意しても言うことを聞かないから」という理由は，小学生に多かったが，多分に教師の姿を真似している場合があるだろう。ルールを教えたり守らせようとすること自体は重要であるが，その伝え方が周りの子どものいじめを生み出す可能性がある。このように，教師はいつも生徒のモデルになっている。

2. 「何となくむしゃくしゃしたから」という理由は全体に高率であったが，その場合はいじめる側に欲求不満やストレスがあると考えられる。欲求不満やストレスがあるからといって，他の子をいじめてよいということにはならない。ただし，いじめる子どもにも目を向けて，可能なかぎり子どもが欲求不満やストレスから開放されるように援助の手を差し伸べてあげることが大切である。

いじめの理由・原因

このような理由が本当に「いじめ」の原因として働いているのかどうかについては，なお検討の余地がある。このような理由があるからといって，必ず「いじめ」が生じるとは限らない。仮に，同じような理由があったとしても，「いじめる子」と「いじめない子」がいる。それでは，そのような子どもたちの違いはどこからくるのか，今後「いじめ」が生じるメカニズムをきめ細かく明確にしていく必要がある。

🔵 いじめとクラスの構造

先に述べたように，いじめ問題はクラス全体の問題である。学校におけるいじめは，図 11-8 に示すように，加害者（いじめっ子），被害者（いじめられっ子），観衆（はやしたり面白がって見ている子），傍観者（見て見ぬふりする子）の 4 層構造の学級集団のなかで起こっている。それはまるで教室全体が劇場であり，舞台と観客との反応によって進行する状況的ドラマだといわれている（森田・清永，1997）。ここでは「観衆」が積極的是認の働きをし，「傍観者」が暗黙的支持の働きをすることを示唆している。その後，このいじめ構造は，「被害・加害者」「仲裁者」が追加され，加害者が「中心的加害者」「追従的加害者」の 2 つに分けられ，計 7 群からなるとされている（古市ほか，1989）。

加害者の特徴は，小学生では，明るく活発で外向的で目立つ存在であるという面をもっている反面，耐性・誠実さに欠け落ち着きがない，それに対して，被害者の特徴は内向的・消極的で目立たない存在であり，依存性が強く非常に神経質な面をもっているといわれている（杉原ほか，1986）。また，被害者は自己主張のスキルが乏しいともいわれている。

表11-2（2） いじめの理由の分類 (森下, 1997)

3.「みんながするから」という理由が全体に多かった。この理由と「人と違うから」といういじめの理由は表裏一体である。その根底には、「みんなと同じことが良いことで人と違うことは悪いことだ」という信念がある。このような信念が異質性を排除するために「いじめ」を生み出し、そのために子どもたちの個性を伸ばすことを阻んでいる。一人ひとりの個性を大切にするということは教育の中心課題であるが、それは新しい文化を創造するほど困難で努力を必要とする課題である。

4.「面白いから」という理由は男子に多かったが、そのような「面白さ」は人間として卑怯で低級だという認識を育てる教育が必要だろう。さらにそのような場合、いじめる子どもはいじめられる子どもの心の痛みを十分に理解していないことが多い。ここに相手の身になって感じる豊かな共感性と、人に対する思いやりの行動を育てていく教育の大切さがある。また、「健康で楽しいことがもっと他にたくさんあるんだ」という体験や実感を十分味わう機会を幼児期から設定し育ててゆきたい。

5.「いじめをしないと自分もいじめられるから」という理由は、特に女子に多かった。また、いじめ集団のなかにもいじめがある。いじめは単にいじめる子どもといじめられる子どもの問題だけではない。集団やクラス全体の問題であり、そこに目を向けその構造を的確にとらえ対応していく必要がある。

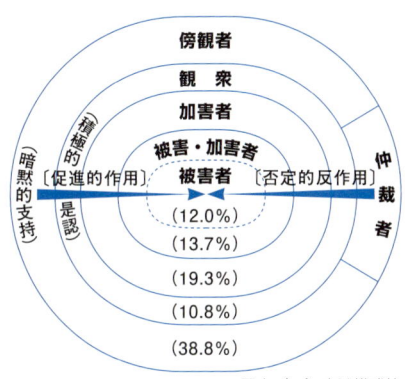

図中（ ）内は構成比

図11-8 いじめ集団の構造 (森田・清永, 1997)

中学生ではやや異なり，加害者は社会規範軽視，攻撃的，非協調的，劣等感大という特徴をもち，被害者は内向的で劣等感が大という特徴を示しているといわれている（古市ほか，1989）。しかし，大切なことは，被害者にそのような特徴があるからいじめられても仕方ない，とはならないということである。

🌀 いじめと担任教師の役割

　先の調査結果（森下，1997）によると，自分がいじめられていることを「担任の先生」に話した者は，小・中・高校生によって異なるが，10〜17％と高くはなかった。そのような比率は学年とともに減少していくことは別の研究でも指摘されている（嘉数ほか，1997）。

　それでも，「担任の先生」に話した場合，事態が好転したことを約70％の子どもたちが報告している（図11-9）。このような好結果は，相談できるような担任との信頼関係の上で成り立っていると考えられる。しかし「前と同じように続いている」という子どももおり，しかもその傾向は小規模校のほうが大規模校よりも高率であった。したがって，小規模校における教師の対応策のあり方を再検討する必要があるだろう。

　「いじめ」を話したとき担任の先生のとった行動は，全体として「先生がしっかり話を聞いてくれた」という者が多かった。しかし，学年が進むにつれて「あまりていねいに話を聞いてくれなかった」というのが増加している。

　そのように有効であるにもかかわらず，多くの子どもはなぜ「担任の先生」に相談しないのであろうか。その理由としては「よけいいじめられる」からと不安を示す者が多かった（図11-

	なくなった	少なくなった	前と同じ	ひどくなった	かげでいじめられる
小学校	37.3	32.4	14.7	3.9	11.8
中学校	43.6	21.4	23.1	6.0	6.0
高校	46.8	19.1	21.3	10.7	2.1

(%)

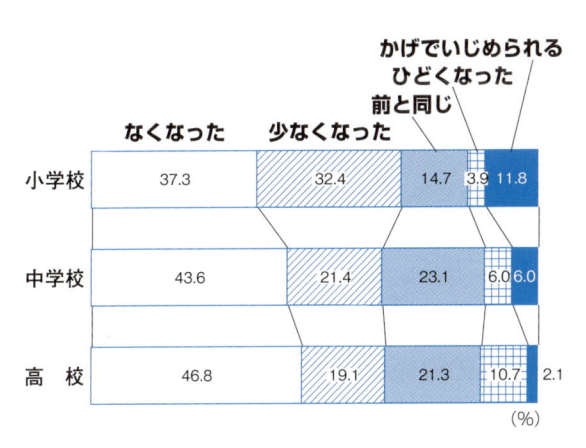

図 11-9 担任に話した後，いじめはどうなったか（森下，1997）

10)。さらに，中学生・高校生では，たとえ話しても「なにもしてくれない」「わかってくれない」と教師に対する不信感を示す者が多かった。また「恥しいことだから」「告げ口になる」というような自己の誇りに関わる葛藤をもつ者も多かったのである。このようななかで，教師に期待されることは，いかに子どもの信頼を得ていくか，その態度と方法を身につけていくことである。

いじめは学校場面だけでなく，登下校の途中や地域での遊び場など，いたる所で起こりうる。その様子を地域の人たちが目にすることもあるだろう。そのようなとき，地域の人たちも積極的に関わっていく必要がある。直接子どもたちに働きかけることもできるだろうし，学校と連携することも可能だろう。地域の教育力が低下したといわれる今日，子どものことに無関心であってはいけない。地域の子どもは地域みんなで育てていくという流れを盛り上げていく必要がある。

いじめへの対応

いじめへの対応としてまず大切なことは，いじめの早期発見である。ひとくちにいじめを発見するといっても簡単なことではない。その手がかりのために，「担任によるいじめの発見10か条」（金子，2001）を表11-3に示す。

いじめが生じたときにどのように対応するかについて，子どもたちの年齢やクラスの特徴，いじめの内容の特徴などによって，有効な対応は異なる。

小学校高学年の子どもたちについて，人の話を聞く習慣のついていないクラスで，いじめや学校の荒れ（暴力）に関して，紙上討論によって改善した例が報告されている（今泉，1998）。まず，

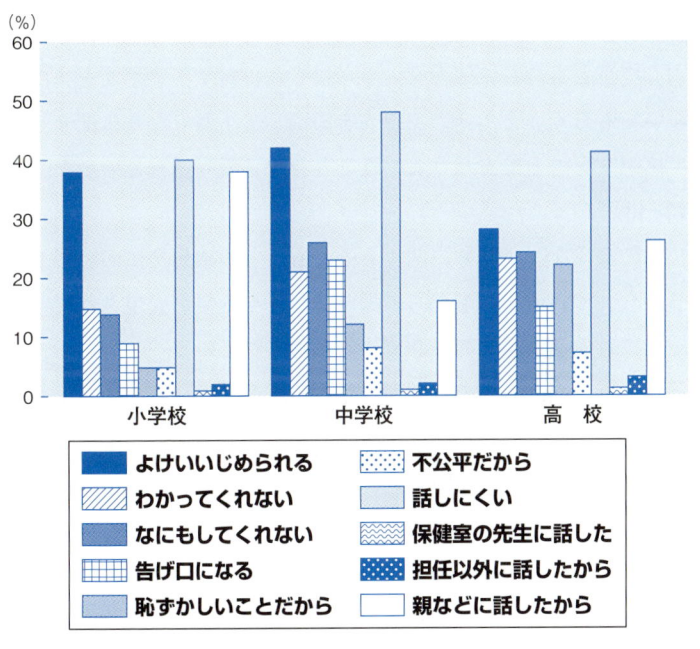

図 11-10　担任の先生に話さなかった理由（森下，1997）

凡例：
- よけいいじめられる
- わかってくれない
- なにもしてくれない
- 告げ口になる
- 恥ずかしいことだから
- 不公平だから
- 話しにくい
- 保健室の先生に話した
- 担任以外に話したから
- 親などに話したから

表 11-3　担任によるいじめの発見 10 か条（金子，2001）

1. いじめはあると感ずること
2. 見逃さない敏感さをもつこと
3. 子供との生活時間を多くすること
4. 個別接触，個別面接を計画的に
5. 交換ノートの利用
6. 子供のサインを見落とさない
7. 日常のケンカの処理は慎重に
8. 親からの訴えには耳を傾けて
9. 学力の低下などはよく調べる
10. 指導の徹底，事後指導は十分に

いじめへの対応

先生の考えを示した上で、クラスのなかでどのようないじめが生じているかについて子どもたちに作文を書いてもらう。それを印刷して子どもたちに知らせ、さらにそれに対する感想文を自由に書いてもらう。またその感想文を印刷して子どもたちに配り、再度感想文を書いてもらうということを毎日繰り返していった（図11-11）。

このような、いじめに関する子どもたちの感想文において、いじめられている子どもたちの深い悲しみや絶望が表現されている。それに対する感想文のなかで、いじめられている子どもたちへの共感、無視や暴力への批判がなされる。やがて、いじめた子どもたちのなかで、いじめへの反省などが出てくる。このような作文を書き、多くの作文を読む過程で、子どもたちの態度や行動も変化していったという。

先生からの説教や指導ではなく、子どもたち自身が自分たちの問題としていじめ問題を考えてもらうというなかで、問題が解決の方向に向かったのである。このような姿を見ると、子どもたちの成長への力を信じることができる。

いじめの予防

いじめそのものを根絶することは困難であるかもしれない（鈴木、2000）。しかし、少なくすることはできるだろう。そのために何が必要かについて、次のような点をあげることができるだろう。以下の点は尾木（2007）の指摘と共通するところが多い。

子どもたち一人ひとりが大切にされること

この点が一番重要である。子ども一人ひとりを大切にするとはどういうことであろうか。それは、無条件にありのままの子ども

紙上討論

《シリーズ　その2》
こんなことが許されていいのか
勇気ある発言・行動が
　「いじめ・暴力・差別」のない
　　楽しい学級を創る　　　　　　　　　　　1997.5.16

　真剣に友だちのことを考えてくれる人が増えてきたので，先生はとても嬉しくなりました。みんなの文章を読んでいて，今までもいろいろなひどいことをされてきたんだなあと，あらためて思いました。似たようなことがあったら，どんどん書いてください。安心して生活できる学級にするには，事実を語りだすことです。
　きょうも，友だちの文章を読んで感じたことを心をこめて書いてください。

テストの点がひくいとバカにする

　わたしもこの人といっしょで，道具箱の中をかってに見られました。あと，リュックの中も，かってにあけられていたことがありました。あと，この人はかわいそうだと思いました。エビを食べるとじんましんがでるからって，いろいろ言うのはさいていです。この人だってなりたくてなったわけじゃないのに，かわいそうだ！
　そうじをさぼると，わたしも腹がたちます。やっているのに，なんでその人だけやんないんだ！と思います。
　あと，テストの点がひくいと，「ちょーだせーバカじゃーん」とかいう人がいます。そして，自分が点がひくいと，「まーたまたまだから」とかいって，ごまかすのです。腹がたちます。

先生いるときだけ掃除

　いじめや暴力があることは，ほんとうに悪いことだと思った。このままじゃ，先生が言っていたように，専科の授業もよくならないと思った。みんなで注意し合って，いいクラスにしていきたいです。
　ぼくがまじめに掃除をしていて，ほかの人は，先生がいると掃除をきちんとやって，先生がいなくなると，掃除をさぼっていました。
　そういうことは，やめてほしいです。

図 11-11　紙上討論の例（今泉，1998）

を愛するということである。しかし，これはきわめて難しいことである。その具体的な態度や行動は，子どものいうことに十分耳を傾け，その考えや感情を理解するということ，そして子どもの意志や行動を尊重すること，また，目標に向かって前進しようとしている子どもを暖かく応援することである。そして，子どものためならば自分が犠牲を払ってもやってあげるということだろう。愛の究極は，いざというとき子どもを救うために自分が死ねるということだろうが，これは親にもなかなかできないことかもしれない。

いじめる子どもの根底には，満たされない欲求やストレスがあって，その悲しさや苦しさのはけ口がいじめとなって現れることが多い。子どもは親や先生や仲間から暖かく受容され認められ，肯定的に評価されることを通じて，前向きに自分を生きることができる。そのような子どもにとっては人をいじめて楽しむというような欲求は起こらないだろう。子どもたちが自信をもって自分らしさを生きることができれば，いじめはずいぶん減るのではないだろうか。

いじめに対する周りの仲間への働きかけ

現代のいじめは，大勢の子どもが一人の子どもをいじめるというパターンが多い。さらに，いじめを知っていながら知らないふりをする，いわゆる傍観者が多い。いじめを見ておもしろがっている者（観衆）はもちろん，傍観者もいじめを肯定しているといじめている集団の目には映る。したがって，傍観者たちがいじめを見たとき，勇気をもってやめさせることができるような指導や援助が大人たちに求められている。そして，日頃からいじめがいかに卑劣な行為であるかを伝えるとともに，人に対する優しさや

図 11-12　ある小学校の授業風景──静かに授業を受ける児童ら
（読売新聞社提供）

いじめのない，明るい学級を作ることは教師にとってもっとも重要な課題の一つである。

思いやりを育てるような取組みが大切であろう。それには優しさや思いやりの尊さを理解させるだけにとどまらず，人に対する思いやりの態度や感情，そして思いやりの行動を育てるというきめ細かい取組みが，今後いっそう必要となってくるだろう。

被害者への支援と加害者に対する指導や支援

被害者への援助はもちろんのこと，加害者や加害者になる可能性のある子どもに対する支援が必要である。子どもの抱えるフラストレーションやストレスを理解し，それを緩和できるような支援が加害者に対しても必要となってくる。子どもは自分の苦しさや寂しさを理解してくれる人が一人でもいればずいぶん救われる。後の章で述べるように，周りの人たちからのさまざまな支援（ソーシャル・サポート）が，特に担任教師からのサポートが子どものストレスを緩和することが知られている。

教師や保護者によるいじめ問題に関する認識

一人ひとりの子どもに対する教師や保護者の受容的肯定的態度が，とても大切なことはすでに述べたとおりである。さらにここでは，教師集団や保護者たちによる「いじめ」に関する認識や態度が重要だということを指摘したい。

昔もいじめはあった，だから少々のいじめはかまわないだろうという認識をもっている人がいるかもしれない。しかし，すでに述べてきたように現代のいじめは昔とは違う。またいじめとけんかを混同している人もいるだろう（Topic）。そのようななかで，教師や保護者はいじめに関する認識を確かなものにしながら，一致して子どもたちの教育にあたらなければ，いじめを少なくすることは困難であろう。

Topic いじめとけんかの違い

　先に述べたいじめの定義によると，その特徴は，攻撃が一方的で継続的であるということと，被害者が深刻な苦痛を感じているという点にある。つまり加害者の立場ではなくて被害者の視点に立つということ，そして一方的で継続的であるということからけんかとは区別される。また，昔もいじめはあったという場合の「いじめ・いじめられる関係」とは区別されなければならない。「恐喝」や「暴力」はいじめというよりは「犯罪行為」と見なすべきだという指摘（鈴木，2000）のように，このことを子どもや大人たちも十分理解する必要がある。これは決して見過ごすことのできないことである。

地域の協力

　先に紹介した調査では，いじめは学校場面で多く生じているという結果であった。しかし，いじめは学校を離れた地域でも起こっている。したがって，地域の人たちもいじめを目にすることがあるだろう。そのとき子どもたちに対してどのような態度や行動をとるかが重要である。また保護者や学校に連絡をとるかどうかやどう連携するかもいじめ問題にとって重要な課題である。村や町ぐるみでいじめ問題に当たり，いじめや学校の荒れが非常に減少したという例も報告されている。具体的にはこの場合，地域の実情に応じてどこで誰が中心となって協力しあうか，しっかりしたシステムを構築することが大切である。

いじめ文化の影響と変革

　結局行き着くところは，いじめ問題に対する地域や社会の認識のあり方がいじめの発生に大きく影響しているということだろう。今日の日本の社会的文化的な特徴がいじめを助長しているという側面もある。たとえばテレビ番組のなかでいじめのような行為を楽しむ風潮や，暗黙のうちにいじめを肯定するような大人社会，悪いことをしても曖昧なままに許されるような社会の特徴が，いじめを増大させていると考えられる。

　このような社会的文化的特徴を急に変えることは困難かもしれない。しかし，機会あるごとに継続して，大人や年長者たちが年少者に対して，してよいことと悪いことをはっきり伝えていくことが必要である。

ネットいじめの現状と対策

　誰だかわからない数多くの相手から，自分の名前があげられて

Topic ITがいじめと結びつかないために

メールやケータイ活用のルールを学級の子どもたちと一緒に作ると効果が高いと有元（2008；表11-4）は指摘している。

表11-4　メールやケータイ活用のルールの例 (有元, 2008)

1. インターネットも現実も，同じ世界だと考える
2. メールや掲示板に，嘘や悪口を書かない
3. メールは相手の気持ちで3回読み直してから送る
4. 友だちの悪口が回ってきても，人には回さない
5. 人に送られていやなメールは，人にも送らない
6. 食事中はケータイをさわらない
7. 寝るときは，ケータイはリビングに置く
8. 困ったときは，すぐお父さんかお母さんに相談する

また，学校がとるべき長期的予防策として次のようなことを提言している。以下のことは，取り立てて目新しいことではないが，真剣に実行することが大切である。

1. ネットいじめ根絶のための職員研修を行う。
2. ネットいじめについてのアンケート調査。
3. 調査結果をもとに学級の子どもたちと対話。
4. 読書によって人権などの意識を高める。

また，長期予防策として，次のようなことが指摘されている（有元，2008）。

1. 国語教育を通じて，話す力や聞く力を身につけ，コミュニケーション能力を育てる。
2. 読書を通じて自分の意見を表現し合い，言語力を育てる。
3. ディベートを通じて論理的解決能力を育成する。

（p.211に続く。）

ネットいじめの現状と対策

「はっ？　ウザ！　死ね」などと口をきわめてのしられるとか，不特定多数に自分の弱みを暴露されると，被害者は死ぬほどつらい思いをする。人間不信になり，落ち込み，あらゆる意欲がなくなり学校に行けなくなって，自殺を考える子どもも出てくる（有元，2008）。ネットによるいじめは相手の姿が見えないだけに余計深刻な影響を与える。それを書き込んでいる人がひょっとしたら親友かもしれないなどと疑い出すと，本人にとっては地獄の苦しみとなる。

このようなネット上の「言葉の暴力」に対して，それを根絶する対策と予防策の代表的で具体的なものとして，有元（2008）の提言がある。それによれば，ネット上の「言葉の暴力」を根絶する緊急対策として，学校では p.209 および右の Topic のような取組みが必要ということである。

(p.209 より続く。)

　大久保は，いじめ根絶について，小・中学校の間に子どもに覚えてほしい知識は一つだと指摘している。それは，「ネットで匿名でアクセスしたとしても，悪いことをすると誰がやったか特定できる」ということである（有元，2008）。さらに，子どもたちが知っておくべき知識として，「必要以上に自分をアピールしない。一度きりでも発信した言葉や写真はとりもどすのがむずかしい」というインターネットの特性をあげている。これは暴走するネットいじめや掲示板への落書きに対する名言である。ちなみに，プロバイダ業界はガイドラインとして「プロバイダ責任制限法の発信者情報開示ガイドライン」（2007年2月）のなかで，発信者についての情報を開示することを明確にしている。

Topic ネットいじめへの対策 （有元，2008）

1. 被害者から聞き取りを行い，被害者の思いをくみ取るとともに事実を明らかにする。
2. 裏サイトやメールなど被害の実態がわかる証拠を入手する。
3. 緊急の職員会議を開き，被害の事実を伝え，対策を協議する。
4. 対策を実行する。
   (1) 全校集会を開き，子どもたちに被害の実態と被害者の思いを話す。
   (2) 各学級でもう一度話し，加害者にならないように約束させる。
   (3) 保護者集会を開き，上記の趣旨を徹底させる。

　また，自分の存在を明らかにせずに個人を攻撃することはルール違反であり卑怯な行為であること，つまり責任の所在を明らかにすることの指導を徹底することをあげている。小学生の頃からこのような基本的な考え方を伝え，「弱い者いじめはしない」ということを，ふたたび自分たちの文化にしていくことが重要である。

🔵🔵🔵 参考図書

有元秀文（編）(2008). ネットいじめ・言葉の暴力克服の取り組み
　　——心と心が通い合う子どものコミュニケーションづくり——
　　教育開発研究所

　インターネット上の悪質ないじめをなくすための対策を考え，言葉の暴力をなくし，子どもたちのコミュニケーションを改善することを目的として書かれた本である。

鈴木康平（2000). 学校におけるいじめの心理　ナカニシヤ出版

　いじめ問題に関する研究を丁寧に紹介しつつ，いじめ根絶に向けて真摯な態度で書かれた本である。

学級崩壊 12

　学級崩壊，これはインパクトのある言葉である。この言葉はさまざまなイメージを人に与えるが，はたしてどのような状態をさすのであろうか。以前に比べ学級崩壊が増加してきたといわれているが，その原因や背景には何があるのだろうか。

　小学校低学年と高学年とでは学級崩壊の特徴や原因が異なるといわれている。それはどのように異なるのだろうか。また，学級崩壊の背景には幼稚園・保育園や家庭環境の変化があるとされているが，はたしてどのように変化してきたのであろうか。

　学級崩壊に対してどのように対応したらよいか。この問題について，教師の指導のあり方や学校全体の取組み，子どもたちの協力，保護者の取組みなど，さまざまな角度から検討してみよう。

🌀 学級崩壊の意味と状況

「学級崩壊」という言葉はきわめて誤解を与えやすい。「学級崩壊」というのは，授業時間中に私語が多く，勝手に騒ぐ子ども，立ち歩く子ども，教室を出入りする子どもがたくさんいて，先生が注意しても子どもたちが言うことを聞かず，授業が成立しない状況をさしている（Topic）。小学校の場合，1～2年生（低学年）や5～6年生（高学年）の学級で発生しやすいとされている。

中学校，高等学校の場合は科目ごとに担当者が異なるので，担当者によってクラスの様子が違ってくる。また，科目によってはクラスのメンバーが異なるので学級崩壊という言葉はあまり使われない。しかし，授業が十分に成立しない状況は中学校で多い。その場合は「荒れた」クラスとか「荒れた」学校という言葉が使われる。

学級崩壊がどの程度発生しているかについて，全国的なデータは見あたらない。古いデータであるが，東京都教育庁（2000年7月）の全公立小学校1,388校（17,222学級）を対象にした踏査結果では，「授業が始まっても自分の席に着こうとせず，おしゃべりをしたり遊んだりしている」学校は20.1％，学級数は全体の2.1％であった。また，「授業中，教室の後ろで遊んでいたり，教室から出て行ったりする」状態のある学校は14.6％であった。

学級崩壊の原因は何かについての調査結果によると，「家庭での教育力（しつけ）が低下した」「子どもの気質変化」「幼少期からのしつけ，生活習慣，社会性が積み上がっていない」といった意見が多いことがわかる。いずれの項目も家庭に問題があることを示唆しているような印象を受ける（Topic 参照）。

小学生は，1年生から6年生まで年齢差が大きい。したがって，

Topic 家庭環境と学級崩壊（1）

　学級崩壊はどのような教師にもおこる可能性がある。たとえベテランの教師であっても学級崩壊は生じている。それほど子どもの側が変わってきて，これまでのノウハウが通用しなくなっているといわれている。

　その背景には，学校や教師に対する親の態度の変化があると考えられている。筆者が子どもの頃は学校は信頼され，教師も尊敬されていた。それが特に今日，学校も教師も信頼され尊敬されるということが少なくなってしまった。そうした不信や批判の風潮は，学校だけでなく政治家や企業，料亭や食品業界など社会のあらゆる領域にまで及んでいる。金にまつわる問題や食品の安全性に関する問題など，事実批判される側に大きな責任があることも多い。学校や教師についても同じようなことがいえ，問題のある学校や教師が存在するのも事実である。「偽り」の時代にあって批判や不信はやむをえない面がある。

　しかし，すべての学校やすべての教師が信頼できないというのではない。信頼できる誠実な教師は多い。それにもかかわらず，子どもの前で担任教師の批判や悪口だけを言う親が多くなっている。そのような親の言葉や態度を日頃から見ている子どもが，どうして担任を尊敬できようか。自ずから，担任の言うことを無視したり馬鹿にしたりするような子どもが多くなる。それが学級崩壊の原因の一つになっている可能性がある。

低学年の子どもと高学年の子どもとの間には、いろいろな面で違いがある。そのために、学年によって不登校やいじめ、学級崩壊（学級の荒れ・授業困難）の特徴も異なり、個々の問題に対処する方法も異なるということを知っていることが重要である。

　学級崩壊を含んだ学級経営上の課題に関する調査結果が表12-1に示されている（金子，2001）。

　この項目のなかで、1年生に多く見られる特徴は、「8：授業が始まっても自分の席に着こうとせずおしゃべりをしたり遊んだりしている」「12：授業中、教室の後ろで遊んでいたり、教室から出ていったりする」「14：担任が個別指導をしている間に、他の児童が学習以外のことを始める」という特徴である。これらの出現数は2年生では少なくなり、6年生でふたたび非常に多くなっている。

　小学6年生では、上記以外に、10：注意に反抗的、7：掃除をまじめに取り組まない、1：集合に集団で遅れる、11：関係のない話をするといった特徴も見られた。

🔵 学級崩壊増加の原因と背景

小学校低学年の特徴

　上記のように学級崩壊は、小学校低学年と高学年ではその様子が異なる。また、その背景となる要因も異なるとして、おおよそ次のように指摘されている（金子，2001）。

　小学校低学年の場合は、45分という授業に集中できなくて立ち歩いたり、ものを投げたり、自分の興味のあることをやり出す子どもがいる。そのような子どもが先生にかまってもらっているのを見た子どもたちが、自分もかまってほしい、「だっこしてほ

表 12-1　東京都における平成 10 年度中に学級経営上の課題が一定期間継続して見られた学級の有無と様相（金子，2001）

No		学級数 合計	学級数（学級） 1年	2年	3年	4年	5年	6年	学校数（校）
1	体育や朝会等の集合時刻に集団で遅れてくる。	251 1.4%	18 1.4%	12 0.6%	13 0.5%	29 1.0%	61 2.6%	118 3.9%	189 13.6%
2	学習道具を忘れる児童が目立つようになった。	256 1.5%	19 0.7%	26 0.9%	20 0.7%	32 1.1%	75 2.5%	84 2.8%	168 12.1%
3	物隠し等が目立つようになった。	169 1.0%	10 0.3%	16 0.6%	35 1.2%	41 1.4%	32 1.1%	35 1.1%	141 0.1%
4	掲示物を破いたり，落書きをしたりする。	98 0.6%	1 0.0%	5 0.2%	8 0.3%	11 0.4%	20 0.7%	53 1.7%	85 6.1%
5	授業中，トイレや保健室に集団で行こうとする。	126 0.7%	5 0.2%	11 0.4%	16 0.6%	13 0.4%	29 1.0%	52 1.7%	104 7.5%
6	小グループに分かれて行動するようになり，まとまりがない。	251 1.4%	5 0.2%	5 0.2%	23 0.8%	35 1.2%	71 2.4%	112 3.7%	207 14.9%
7	掃除等の活動にまじめに取り組む児童が減ってきた。	294 1.7%	7 0.2%	8 0.3%	25 0.9%	40 1.3%	82 2.7%	132 4.3%	209 15.0%
8	授業が始まっても自分の席に着こうとせずおしゃべりをしたり遊んだりしている。	416 2.4%	61 2.1%	46 1.6%	54 1.9%	64 2.2%	76 2.5%	115 3.8%	314 22.5%
9	授業中，手紙を回したり，ゴミやものを投げたりする。	159 0.9%	2 0.1%	4 0.1%	9 0.3%	23 0.8%	37 1.2%	84 2.8%	129 9.3%
10	担任が注意をすると，反抗的な言動をとる。	409 2.3%	10 0.3%	20 0.7%	44 1.6%	76 2.6%	104 3.5%	155 5.1%	323 23.2%
11	授業中大声を出したり，関係のない話をしたりしている。	315 1.8%	20 0.7%	27 1.0%	29 1.0%	58 2.0%	74 2.5%	107 3.5%	250 17.9%
12	授業中，教室の後ろで遊んでいたり，教室から出ていったりする。	285 1.6%	50 1.7%	40 1.4%	51 1.8%	46 1.5%	38 1.3%	60 2.0%	233 16.7%
13	気に入らないことがあると大声で泣く，暴れる，暴力を振るうなどして，授業がしばしば中断する。	220 1.3%	24 0.8%	39 1.4%	41 1.4%	43 1.4%	35 1.2%	38 1.2%	189 13.6%
14	担任が個別指導をしている間に，他の児童が学習以外のことを始める。	295 1.7%	44 1.5%	39 1.4%	45 1.6%	47 1.6%	52 1.7%	68 2.2%	242 17.4%
15	担任に対して，暴言を吐いたり，暴力を振るったりする。	195 1.1%	15 0.5%	12 0.4%	23 0.8%	31 1.0%	54 1.8%	60 2.0%	166 11.9%
16	その他	31 0.2%	3 0.1%	4 0.1%	1 0.0%	3 0.1%	9 0.3%	11 0.4%	27 1.9%

（注 1）学校数は，学級でも様相が見られた学校の総数
（注 2）複式学級はいずれの項目も該当なし
（注 3）複数回答

学級崩壊増加の原因と背景

しい」と言い出す。低学年の学級崩壊はそのような幼児性の表れだと原田（2001）は指摘している。

このような特徴は，幼稚園や保育園での教育・保育の特徴を反映して増加したという指摘がある。かつて平成12年（2000年）に幼稚園教育要領や保育園の保育指針が新しく改訂された際，子どもの個性や創造性の育成が強調され，そのために子どもの興味や関心を伸ばすことや子どもの自主性が尊重された。したがって自由保育の要求が強くなり，設定保育はよくない，一斉に歌を歌わせたりお話を聞かせるのは押しつけ保育でよくないという風潮が高まった。このような流れのなかで，設定保育において，たとえば話を聞かない子どもがいても，聞く子どもだけに聞かせればよい，押しつけることはよくないということになり，ルールを知らない子ども，ルールが守れない子どもたちが増えたと指摘されている。途中でその教育要領や保育指針が改訂されたにもかかわらず，その特徴が続いている。

上記のような集団生活における基本的なルールや習慣が形成されていない点には，表 12-2 のような要因が関係しているのではないかといわれている（金子，2001）。

1年生の学級崩壊の増加には，LD，ADHD，広汎性発達障害などの発達障害の子どもの増加が関係しているのではないかという指摘もある。そのような学級にうまく適応できない子どもがクラスに2人いたら，1人の担任ではどうにも学級集団に対してうまく対応できなくなるだろう。このような発達障害の子どもに対しては，特別な教育や治療が必要となる。発達障害は中枢神経系の機能障害だと推測されているが，同じような特徴が環境によってももたらされることがあるので，その区別が大切になる。

表 12-2　基本的なルールや習慣が形成されていない理由として指摘されていること（金子，2001）

1. 幼稚園で話を聞くように指示しない。
2. 話を聞くように指示しても不徹底：教育の場においても，また家庭でテレビを見る場においても指示に従わなくても注意されないということを多く経験している。
3. きびしいきちんとしたしつけをしない：注意し，考えさせ，やる気を持たせ，少しは援助し，できたところは認め，ほめていくときに，こどもはどうしてもやらなければならないということを学ぶけれど，そのようなしつけがされていない。
4. 呼びかけに応じなくても，話を聞かなくても叱られない経験をしている。

また知能には問題がないが，学習への不適応から学級不適応をおこす子どもがいて，それが学級崩壊の原因になる場合もある。これらの子どもたちの場合，発達障害に伴うものと，恵まれない環境による学習経験の不足によるものの2つが考えられている。後者の場合，後に述べるように，特に虐待が原因と考えられる問題が深刻である。

　このように，幼稚園や保育園の保育の特徴が子どもの特徴に影響している可能性があるが，それだけではない。親や家庭の教育のあり方も変化してきた。人の話をきちんと聞く，人の迷惑になることはしないなど，「社会のルールを守るように」という教育が，一般に家庭でもあまりなされなくなった。親自身が社会生活をする上で，ルールへの関心が低くなり，あるいは家庭教育の機能を学校などの教育・保育機関に依存するようになったことなども原因として考えられるだろう（Topic）。

　また，地域の人々も地域の子どもの教育について消極的になったこともあげられる。そして，日本の社会全体が，そのようなことをあまり考えなくなったという風潮が大きな背景にあるのではないだろうか。

小学校高学年の特徴

　小学校高学年の学級崩壊は低学年の場合と違って，学校・家庭への不信や思春期の特徴が原因になっている（原田，2001）。思春期は理想と現実とのギャップに悩み，学校や家庭において人間関係の葛藤を体験し，自我に目覚め，情緒が不安定で激しい情動的反応を示す時代である。学校での学習や塾での勉強，クラブ活動やいくつものお稽古ごと，そのような過密スケジュールのなかで，ストレスやフラストレーションを積み重ねている子どもたち

Topic 家庭環境と学級崩壊（2）

　子どもに対する親のしつけや養育態度が，学級崩壊の原因になっていると指摘する人は多い。その主張のなかには2つの対立する見解がある。

　一つは親が甘くなって子どものいうことを何でも聞き，きちんとしたしつけや教育をしていないという主張である（河上，1999）。厳しさの欠如した親の下では子どもの我慢する力が育たない，していいことと悪いことの区別ができていない，親自身もそのようなけじめができていないという見解である。

　他方，今日の親は過保護であり何でも親が子どものかわりにやってしまう，また親の要求が強すぎ，子どもは学校や塾で著しいストレスやフラストレーションに陥っているという主張である（尾木，1999）。そのような親の下では子どもの自主性や欲求不満に耐える力が育たない，また塾に行っている子どもが多く，すでにそこで習っているので学校では先生の言うことを聞こうとしない，というのである。

　いずれの主張も親の特徴の一面をとらえているが，すべてではない。現実にはそのようにさまざまな親がいるということは確かである。いずれの場合も親の態度の特徴が子どもの特徴に影響を与えて，その結果学級崩壊につながると考えられる。

　また現在，増加傾向にある虐待の問題も関係している可能性がある。虐待されている子どもは欲求不満に耐える力が弱く，また攻撃的な行動を示すことが多くなる。そのような荒れた行動が学級崩壊をもたらすことにつながっているという可能性も大きい。

　このように授業が成立しないという現象の背景は1つではなく，さまざまな要因があると考えることができる。どちらかが正しくてどちらかが間違っているということではない。どのような学年の，どのような状況のなかで，どのような子どもたちとどのような先生との間で学級崩壊がおこっているかを見極め，対応する必要がある。その場合，現在の状況把握とともに，これまでの発生のプロセスを理解できれば，より適切な対応が可能となるだろう。

もいる。そのような子どもたちが，少しでも自尊心を傷つけられるようなことやいやなことがあると「キレる」「荒れる」，そしてそれが集団化する，という流れが学級崩壊の背景にあると考えられる。

このように，小学校高学年の子どもは，ものごとを論理的に考えようとし，自己のプライドが高くなり自己主張が強くなる。したがって納得できないことには異を唱えるようになる。このような特徴が，家庭や学校生活のなかでは，注意されることに対して反抗しているように親や先生からは見えるのである。

学級崩壊への対応

具体的な指導法（小学校低学年）

低学年の子どもには，基本的な生活習慣や集団のなかでの基本的なルールやそれにしたがった行動が形成されていないことが多い。したがって，1年生などの低学年の場合は，それらを細かく教える必要がある。そのときに，押しつける教育ではなく気づかせる教育が大切である。他方，教室を出て歩いたり私語をするなど他の子どもに迷惑をかける行動は良くないこととして，きちんと注意したり説明する必要がある。そして，指導に沿った行動ができた場合は，ほめたり認めてあげたりしながら基本的な習慣形成やルール形成を行う（Topic）。

小学校低学年では，先生の指示や話を聞かせるための習慣作りへの努力が欠かせない。たとえば次のような声かけがあげられる（金子，2001）。

1. 先生が声を出したら，先生の目を見るように。
2. 皆さん，いつも「おへそ」を先生のほうへ向けてください。

Topic 保護者たちの取組み

　学級崩壊の解決には親の協力も必要である。むしろ子どもを通しての親自身の問題でもあるという認識で，学校への協力という他者的な視点ではなく，自分自身の問題として主体的に取り組む課題と考えたほうがよいのではないだろうか。

　わが子のクラスが崩壊したとき，親がすべきことについて原田（2001）は次のように提案している。

【クラスが低学年の場合】

1. 親同士集まり仲良くなろう：これが出発点。
2. 個々の家庭で「してよいこと，いけないこと」を明確に伝える。
3. 子どもとのスキンシップを大切に：クラスの状況や学校での出来事に耳を傾ける。
4. 保護者の「よい先生像」を見直す：よい先生とは子どもを任せきれる先生ではなく，保護者や子どもと一緒に考えられる先生。
5. 「よその子，うちの子，みんなの子」と思えるように：このようにして親同士のネットワークを作る。

【クラスが高学年の場合】

1. 「担任を替えれば済む」という問題ではない。
2. 子どもの意見をどんどん取り入れよう。
3. 学校と「一緒に考える」という姿勢を大切に：開かれた学校，開かれた学級がキーワード。

3. 先生のほうを向いてください。
4. はい，先生の目を見て，目を見て。

そして，できるだけほめる機会を多く作るようにする必要がある。

教師のリーダーシップのあり方（小学校高学年）

学級崩壊の原因の一つに教師が子どもの発達の特徴をよく理解していないことがあげられる。小学生が高学年になると低学年の子どもに対する方法が通用しないことが多くなってくる。たとえば次のような言動は子どもたちに拒否されることが多い（金子，2001）。

1. しつけがくどく，矛盾した言葉が多い
2. 子どもを侮辱するようなことを言う
3. 他の子どもと比較する
4. 子どもに可能性を感じさせる指導をしない

学級崩壊を引き起こす教師には2つのタイプがあると指摘されている（金子，2001）。

一つのタイプは，子どもの意見を聞くが子どもの言いなりになっていて，きちんとした指導ができずリーダーシップをもてない教師である。そのような教室では教師は放任という態度をとることになるので，子どものわがままがまかり通ってしまう。したがって，授業中に児童が立ち歩いたり教室を出たり仲間にちょっかいを出したりして，授業が成立しなくなる。

もう一つのタイプは，専制的あるいは権威主義的な態度の教師である。教師が一方的に児童に命令し，児童の意見や意志を無視するタイプである。この場合，教師の言いなりになる児童もいるが，教師に対して強く反発し反抗的になる子どもが多くなる。そ

Topic 子どもたちの協力

　学級崩壊は子どもたち自身の問題でもある。クラスの子どもたちの協力がなければ学級崩壊は解決できない。子どもたちにどのような協力を求めるかについては，学年や学級崩壊のクラスの状況によって異なる。

　たとえば，LD，ADHD，あるいは高機能広汎性発達障害の子どもたちが，授業中に落着きがなく歩き回ったり教室から出て行く場合は放っておくわけにはいかない。担任が教室を留守にする場合，クラスの子どもたちの理解が必要である。他の子どもたちに事態をどのように理解してもらうか，そして協力してもらうか，具体的な対応は子どもたちの学年によって異なる。そのようなことが生じた場合，子どもたちにどのように説明するか，また教師同士がどのように協力しあうか，日頃から話し合っておく必要があるだろう。

　状況によっては，子どもたち自身に自分たちでどのようにしたらいいかを話し合ってもらって，アイデアを出してもらう。また教師に対する希望があれば，それを素直に出してもらう。授業が成立しない事態において子どもたちの役割や教師の役割が明確になれば，子どもたちも協力してくれるようになるだろう。そのためには，日頃からクラスの子どもたちと担任との信頼関係が重要になってくる。信頼関係があれば，事態は大きく広がらないのではないだろうか。

のような子どもたちが教師の言うことを聞かなくなり、やがてクラス全体が荒れるようになり、授業が成立しなくなる（p.225 Topic）。

　リーダーシップ機能には一般に課題を達成する P（performance）機能と集団を維持する M（maintenance）機能がある（三隅，1986）。P機能はグループの目標を達成するためのもので、リーダーの注意が厳しく叱責が多くなる。M機能はグループの目標の達成とは関係なく友好的な仲間関係を促進し維持するような機能である。よきリーダーとしてはこの2つの機能をともにバランスよくもっていることが望まれる。教師にとってもこの2つの機能が必要で、どちらかが欠けてもよくない。したがって、教師自身が子どもに対する関わり方や、リーダーとしての態度・行動を変容させていく必要がある。

　低学年も高学年も、子どもと教師との間の不信感をなくし、相互理解と相互信頼を育てることが大切である。日常での接触や、給食・昼食、遠足・旅行での話合い、休み時間や放課後などでの接触について、また、交換日記や交換手紙、個別の面接、教科指導における配慮など人間関係を深める方法を知ることが大切である。具体的な方法は金子（2001）に詳しい。

学校全体の協力

　学級崩壊が生じた場合、担任教師のみの取組みだけで事態を良い方向に変化させることはたいへん難しい。他の先生方の協力が必要となる。すでに述べたように学級崩壊はどのクラスで生じてもおかしくない。いつ自分のクラスがそうなるかわからないし、いったん学級崩壊が生じてしまうと、教師一人の力だけではどうにもならないことが多い。したがって担任教師だけでなく、すべ

表 12-3　校長・教頭の学級実態把握の視点 (金子, 2001)

1. 児童・生徒の落ちつきの状況, 教師と児童・生徒との人間関係
2. 担任の指導力, 担任の迫力, 学習内容の進度
3. 児童・生徒のそれぞれの長所を大切にしているか
4. 学習集団としてのルール, 生活集団としてのルール
5. 教室経営の実態
    - 掲示の工夫, 清潔の維持, 教室空間の美的経営
6. 担任の魅力, 人間性, 長・短所
7. 明るい雰囲気, クラス固有の雰囲気

ての教師の問題だという共通理解が必要である。

　そのような理解が得られ，さらに他の教師の協力を得られるためには，校長や教頭，教務主任や学年主任の役割が重要であることはいうまでもない。学級崩壊の問題をクラス担任だけに任せるのではなく，学校全体で解決する必要があり，校長のリーダーシップが問われることになる。このような認識は，今日の学校で生じるさまざまな問題（たとえば不登校，いじめ，特別支援教育など）と共通する点である。このように管理職に当たる先生方の役割は重要で，日頃から話し合う体制を整えておく必要があるだろう。

　表12-3（p.227）に，校長・教頭による学級実態把握，観察の視点が示されている。これは教師一人ひとりの課題だといえる。

参考図書

河上亮一（1999）．学校崩壊　草思社
　いま学校で何が起きているか，なぜ今日の状態に至ったかについて，学校の変化を自由・放任，保護＝管理の強化，勉強第一という視点から論じながら，再生への道を探っている。

金子　保（2001）．学級崩壊・授業困難はこうして乗りこえる　小学館
　学級崩壊・授業困難について教育現場に即した分析と，指導方法，予防について具体的にわかりやすく書かれている。

児童虐待 13

　家庭における子どもに対する虐待は，悲惨で深刻な問題である。その虐待が今日，著しく増加している。ふつう虐待というと暴力を思い浮かべるが，それだけが虐待というわけではない。まず，虐待にはどのようなものがあるかについて理解することにしたい。

　虐待された子どもたちはどのような特徴を示すのだろうか。虐待された子どもたちへの適切な対応は，虐待に関する深い理解から出発する必要がある。そこには虐待の体験がトラウマ（精神的外傷）となって内在化し，親や他者に対する不信という内的ワーキングモデルが形成されてしまうという深刻な問題が含まれている。

　虐待はなぜ，どのようにして生じるのだろうか。虐待する人（主として保護者）に対して，たいていの人は激しい憤りを感じるだろう。どうして子どもを保護すべき親が子どもを虐待するのであろうか，また虐待が生じる原因は何か，このような点について理解を深め，児童虐待への対応と予防について考えたい。

虐待についての理解

　児童虐待は，両親・きょうだい・祖父母などの家族や，親にかわる養育者や同居人などからの，子ども（18歳未満）に対する身体的・精神的な暴力である。虐待と聞くと身体的暴力を想像するが，虐待の内容はそれだけでなく表 13-1 に示すように 4 種類の内容を含んでいる（「児童虐待の防止等に関する法律」平成 12 年法律第 82 号。同年 11 月施行）。

　今日，児童虐待は重大な社会問題になっている。「児童虐待の防止等に関する法律」によって，教師，医師，保健師は保護者から虐待されている子どもを発見した場合，児童相談所などに報告する義務が生じた。したがって，教師も虐待問題について理解を深め，早期発見，早期対応に努力しなければならない。

　児童相談所における児童虐待相談対応件数は平成 11 年度以降急激に増加している。ここ 10 年の間に発生件数は 10 倍近くに上昇している。平成 18 年度のデータによると，虐待の内訳は，図 13-1 に示すように身体的虐待とネグレクトが大半を占めている。主たる虐待者は実母が 62.8％，実父が 22.0％である。虐待された子どもの年齢は，0〜3 歳未満 17.3％，3 歳〜学齢前児童 25.0％，小学生 38.8％，中学生 13.9％，高校生その他 5.0％であった。実際には，この件数よりはるかに多い虐待が発生していると考えられる。

虐待された子どもの特徴

　虐待の問題について，岡本（2007）はいろいろな角度から次のようにわかりやすくまとめているので，それを紹介しよう。

　虐待が子どもの発達にどのような影響を与えるのか。虐待は，

表 13-1 虐待の種類

身体的虐待
児童の身体に外傷が生じ,または生じるおそれのある暴行を加えること。例:一方的に暴力を振るう,冬季に戸外に放置する,部屋に閉じ込める。

性的虐待
児童に猥褻行為をすること。児童を性的対象にさせたり,自らの性的行為を見せることも該当する。例:子どもへの性的暴力,自分の性器を見せることの強要,性器や性交の見せ付け。

ネグレクト(育児放棄,監護放棄)
児童の心身の正常な発達を妨げるような著しい減食または長時間の放置など,保護者としての監護を著しく怠ること。例:病気になっても病院に受診させない,乳幼児をサウナ状態の車内に放置すること,食事を与えないなど。

心理的虐待
著しい暴言や拒絶的な反応といった,児童に著しい心理的外傷を与える言動を行うこと。例:「お前なんか生まれて来なければよかった」といった自尊心を踏みにじる発言。

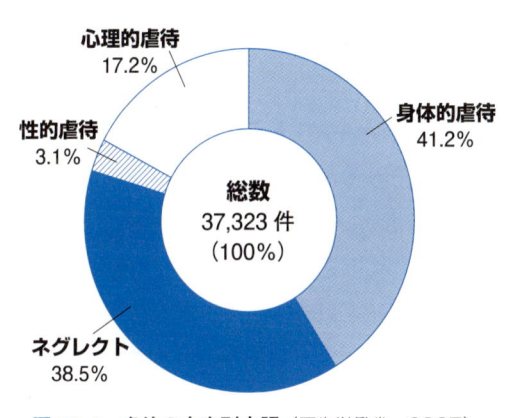

心理的虐待 17.2%
性的虐待 3.1%
身体的虐待 41.2%
総数 37,323 件 (100%)
ネグレクト 38.5%

図 13-1 虐待の内容別内訳(厚生労働省,2007)

虐待された子どもの特徴

子どもの身体・運動機能の発達や知的発達，パーソナリティや対人関係の発達など，広く子どもの発達に重大なマイナスの影響をもたらす。そしてその影響は大人になっても持続することが多い深刻な問題となる。

したがって，虐待された子どもの特徴を理解するために，広い視点からアセスメント（査定）をする必要がある。広い視点とは，虐待にかかわらず，子どもを理解する上での共通の視点である。そのためには個々の領域について，アセスメントの方法を身につけることが望まれるが，これにはかなりの専門性が要求される。

虐待された子どもによく見られる具体的な臨床的問題は，表13-2のようなものである。

このような虐待された子どもたちの心のなかに何が生じているのであろうか。その内面に焦点を当てると，そこには表13-3のような思いや感情が浮かび上がってくる。このような虐待された子どもの思いや感情が，子どもの行動や対人関係のあり方を特徴づけている。

🌐 虐待された子どものトラウマ

虐待のなかで生じるトラウマ（精神的外傷）に焦点を当てた場合，次のような特徴が見られる（西澤，1994；1997）。多くの子どもは虐待を体験することによってトラウマを抱えて生きていくことになる。トラウマとはショッキングな体験によってできた心の傷のことである。このような虐待は，災害や事故の場合とは違い，慢性的で反復的であるので複雑な心的外傷後ストレス障害（PTSD）を示す。

虐待は子どもの発達初期におこることが多いので，子どもの自

表 13-2 **虐待された子どもの臨床的問題**（岡本，2007）

1. 行動面の症状
　(1) 不登校，学業不振
　(2) 易興奮性，自傷行為，暴力など
　(3) 非行，性的逸脱行動など
2. 身体面の症状
　(1) 身体発達の遅れ
　(2) 食行動の問題
　(3) 腹痛，頭痛，チック，遺糞など
3. 精神・神経面の症状
　(1) PTSD
　(2) 落ち着きがない，寡働
　(3) 不安，よくうつ，解離症状，脅迫症状など
　(4) 無気力・無表情

（注）これらは虐待でなくても見られるがいくつかの問題が重なっている場合は，背景に虐待がないか疑ってみる必要がある。

表 13-3 **虐待された子どもの感情**（ケイ，2005；岡本，2007）

1. 虐待者または虐待を防げなかったと思われる他の者に対する怒り
2. 罪悪感や恥，虐待が生じたことに対する自責の念
3. 家族崩壊の可能性，または現実についての罪の意識，さらに虐待者が家庭から排除されることへの罪の意識
4. 自分の将来に対する不安・恐れ
5. 家族によって必要とされず，愛されず，嫌われているとさえ思える感情
6. 親・きょうだいなど大切な人から離される場合に生じる悲嘆と喪失感
7. おさえきれない感情・無力感
8. 絶望・憂鬱・悲しみ

我の中心部にトラウマが生じる（**トラウマの内在化**）。虐待された子どもは、「暴力を受け、虐待される自己」と「暴力を加える危険な他者」という認知的枠組み（**内的ワーキングモデル**）を形成する。また、このために、他者に対する基本的信頼感が形成されず、他者に対する不信感を形成しているので、たとえ自分を世話をしてくれる人であっても「この人もいずれ自分を傷つけるはずだ」という信念を抱いている。

　虐待された子どもの怒りや悲しみの爆発にはトラウマが影響していることが多く、彼らは次のような特徴を示す。

感情の流れの歪曲

　今自分が聞いた言葉にではなく、過去の虐待という体験に対して反応する。

感情コントロールの障害

　通常の感情体験にトラウマが絡むと自己を圧倒してしまうので、感情のコントロールができなくなってしまう。また、親子関係のなかで、感情のコントロールを学ばなかったということもあり、彼らは感情を適切に表現できないので、次のような特徴を示すことが多い。

1. かんしゃくや大暴れ（感情爆発）を起こしたり、その反対に怒りを強く抑えこむ（感情の抑え込み）。
2. パニックを起こしたあと、けろっとしている。あるいは、人が変わったような印象を与えることがある。つまり、時間の連続性がなく、体験の解離があり、統合されてないという自己解離状態を示している。

対人関係の障害

1. 愛着の対象がないことから、分離不安、しがみつき、見捨て

Topic 子どものトラウマを癒す

　トラウマとなった子どもの体験をどう癒すかについて，基本的に次のような3段階のプロセスが考えられている（西澤，1997）。

1. 再体験：トラウマを生み出した体験を心によみがえらせること。

2. 解　放：強い恐怖感や無力感がトラウマを生み出すが，そのイメージや感情，感覚を解放すること。

3. 再統合：自己を再統合する。

　トラウマそのものに接近することを回復的接近という。プレイセラピーでは，トラウマとなった体験を遊びのなかで人形やおもちゃを使って再現する。再現に感情や認知の解放が伴わなければならない。

　それに対して，トラウマそのものではなく，トラウマがもたらす心理的影響へのアプローチを修正的接近という。トラウマによって認知や感情などの機能に歪みが生じるが，それを修正するのが目的である。

1. 安全性の確保と安心感の形成：「ここでは痛い目に遭わされることはない，安心できる場所なんだ」という確信をもたせるようにする。しかし，子どもは周りの人たちの神経を逆なでし，暴言，挑発によって，虐待的な人間関係を再現する傾向がある。子どもの心の根底には強い不安があって，人間への信頼やどこまで許されるかについて限界吟味を行っていると考えられる。そのような言動に対して次のように対応することが推奨されている。「あなたはいつ叩かれるかと不安になっている，そのような不安を持ち続けるのがいやなので，いっそのこと叩いてほしいと思っているんじゃないかな。でも先生は決して叩かないからね。」　　　　　（p.237に続く。）

られ不安を強く示す。

2. 虐待的な人間関係を繰り返してしまう。つまり，大人に対して挑発的な言動や態度を示し，神経を逆なでするような発言や行動をする。したがって，里親や施設の保育士からふたたび暴力を受ける危険性が高い。このような特徴は，虐待の原因だと理解してしまう危険性があるが，元をたどれば虐待の結果であるということに留意する必要がある。

3. トラウマの再現性が高い。つまり，他者にトラウマを与える（暴力），トラウマになったことを自分で繰り返す（自傷行為），虐待的人間関係を繰り返す。仲間から拒否され，それに対して主張的，攻撃的，挑発的に対応するので仲間からいじめや拒否にあう。また，同じようにして職員からも拒否される可能性が高い。このように悪循環をよぶことになってしまう。

失われる自己——トラウマと解離性障害

1. 上記のような解離現象とともに，解離性障害，離人症障害，解離性健忘，解離性遁走（とんそう），解離性同一性障害（多重人格）を示すことがある。叩かれても無表情で，自分を消し，叩かれているのは別の子であるというような心の解離が生じる。

2. 解離現象から**解離性障害**へと進む可能性がある。つまり，日常的に解離現象が生じ，自己の統合性が損なわれていく。

虐待の及ぼす影響が重篤な場合，子どもの行動特徴は軽度発達障害（LD，ADHD，高機能広汎性発達障害）と同じような特徴を示すことがあるので，その診断が難しい（岡本，2008）。さらに，軽度発達障害は中枢神経系に何らかの機能障害があることが推測されているが，その子どもの脳の発達に虐待が直接影響をもたらす可能性があり，虐待が発達障害をもたらす可能性すらある

(p.235 より続く。)

2. 感情コントロールの形成：パニックを起こしている場合，子どもを身体的心理的に抱きかかえる必要がある。たとえば「すごく腹が立っているんだね」「〜したかったのにできなかったからなんだね」などと，子どもの心の状態を言語的に表現したり，その理由を指摘する。そうすることで，子どもは自分の気持ちが理解されたと思うし，今後そのような言語表現をすることができるかもしれない。

3. 対人関係の修正：「大人はみんな嘘つきだ」「どうせ僕は悪い子だ」といった言動は，親・他者・世界についての不信感という内的ワーキングモデルが根底にある。「なんだか僕を怒らせようとがんばっているみたいにみえるけどなぁ，違うかなぁ」「前にもそんなことなかった？」などと言うことによって，過去のトラウマ体験と現在の状況との関連について気づかせる。このようななかで信頼に基づいた人間関係を体験させることが必要である。ただし，虐待された子どもは，このような非虐待的な人間関係には当初不安や不信感を示すかもしれないということを知っておく必要がある。

　以上のように，子どもの環境全体を心理療法的に活用することが大切である。たとえば，養護施設などで，子どもの日常生活のなかで修正的に関わっていくことが必要である（**治療的養育，治療的里親**）。

ということも示唆されている（杉山，2007）。なお，子どものトラウマを癒すためのプロセスについては，p.235 Topic を参照されたい。

虐待する親の特徴

一般に虐待する親の特徴として，表 13-4 のようなものがあげられている（児童虐待問題研究会，2008）。このように虐待する親は，子どもの発達に関する知識や，子どもに対応する技術が不足しており，自分自身の感情や行動をコントロールする技術が未熟である。さらに，養育者自身が人格的な問題やコミュニケーションスキルの問題，あるいは精神障害，身体障害をもち，地域の支援体制が整っていないという指摘もある（井上・井上，2008）。

虐待はいくつかの要因が絡み合って生じる。その虐待がおこる要因について，現在までの具体的な知見として表 13-5 のようにまとめられている。

西沢（1994；1997）によれば，虐待する親について次のようなことが指摘されている。虐待する親の約 10％が精神疾患をもつといわれている。また，依存性，衝動性，未熟性，攻撃性や衝動性が高く，自己の感情をコントロールできない。これは自己のトラウマに由来している可能性がある。また，若年出産（20歳以下）が多く，未成熟な親が多い。子どもに対して，非現実的な期待感をもっており，自分の子どもは発達が遅れていると思いこんでいる親もいる。

さらに，そういった親は，自分の満たされない愛情への飢餓を子どもに愛情を求めることによって埋めようとしている。だが子どもはそれにこたえることは非常に困難である。また，自己肯定

表 13-4 　虐待する親の特徴（児童虐待問題研究会，2008）

1. 人格的に障害のある者にリスクが高い
2. 自身が虐待を受けた生育歴をもっている
3. しつけに厳格な態度をもっている
4. 子どもについて歪んだ考えをもっている
5. 子どもの正常な行動や発達についての理解が乏しい
6. 衝動的な行動があったり，ストレス耐性が低い
7. 社会的逆境にある
8. 健康にすぐれない
9. 経済的貧困

表 13-5 　虐待のおこる要因（岡本，2007）

1. 妊娠時および子ども側の要因
　（1）多産児で特に双生児間の差が大きい場合
　（2）先天異常，低出生体重児など医療を必要とする状態で出生
　（3）発達障害
　（4）手のかかる子，育てにくい子など

2. 親の要因
　（1）望まぬ妊娠，望まぬ出産
　（2）若年での妊娠，出産
　（3）親の心身の問題
　（4）育児能力や育児の姿勢に問題がある場合
　（5）親自身の被虐待体験　など

3. 家族および社会的要因
　（1）親族・友人・近隣からの孤立
　（2）経済的に不安定な家庭
　（3）病人をかかえているなど育児負担が大きい家庭
　（4）夫婦関係の問題（DVなど）

感や自己評価が低く，それを挽回するために完璧な親であることを自分自身に求める傾向がある。それはそもそも不可能なことであり，ここでもフラストレーションを経験する。そして自らの無能観を補償するために，子どもが言うことを聞かない場合は，暴力によって言うことを聞かせようとする。

　このようにして親と子どもの関係の悪循環のなかで，子どもはわざと親を困らせようとしているという認知，つまり子どもが悪意をもった存在だと認知するに至る。そして自分は犠牲者だ思いこむようになるのである。

　虐待する親たちが示すしつけという名の暴力行為は，子どもにとってのモデル行動となり，モデリング（観察学習）が生じることになる。したがって，虐待が虐待を生むといういわゆる「<u>虐待の世代間伝達</u>」が生じる。虐待児の親について調べると，虐待を受けたことのある人は 30 〜 50％ というデータが示されている。しかし，「あれは虐待ではない，しつけだった」と信じている，あるいは信じたいとしている親は多い。そのような親は，「私が子どもに暴力をふるうのは，子どもを愛しているからだ」と自分の人生に納得を得ようともがいている。

　このように虐待する親たちは自分自身もトラウマを抱えていることが多い。幼い頃の自分と子どもの顔が重なり，トラウマを再現してしまう。親のトラウマの原因は虐待経験だけではない。親の離婚，両親の喧嘩，親のアルコール依存症などからのストレスの蓄積もトラウマとなりうるのである。

🌐 児童虐待への対応

　虐待はいつでもどこででもおこりうるという前提に立って，日

Topic 児童虐待への対応

1. 虐待の発見と通告：虐待の特徴が1つでもあればその可能性を疑う必要がある。虐待が疑われたら，身近な関係者と話し合って子どもや家庭の状況などについてさまざまな視点から検討しあうべきである。虐待を発見した人は，児童相談所・福祉事務所に通告する義務がある。大切なことは「疑い」の段階でよいから早く通告することである。虐待かどうかは児童相談所が調査して明らかにすればよいし，児童相談所などが通告者名を保護者などに漏らすことはない。虐待の通告は専門家（教師など）としての法律上守秘義務違反にならないことになっている。

2. 子どもの保護：在宅での支援が可能と判断された場合は，児童相談所による面接・指導・ソーシャルワークが行われる。就学前の子どもであれば保育所の利用も考えられる。また，緊急の保護が必要な場合は，児童相談所の一時保護施設に保護する。親子を分離する場合は乳児院や児童養護施設に入所させることになる。最近，虐待によって児童養護施設へ入所する児童が増加しており，一般に入所児童の半数以上が被虐待児だといわれている。

3. 子どもの治療：まず子どもの安全を確保し，「自分は守られている」という安全感や被保護感をもつことができるようにすることが重要である。全国児童相談所長会（1997）の調査では，虐待を受けた子どもの特徴として，身体発達の遅れとともに多くの子どもに精神症状がみられた。その精神症状は，上記のように不安・おびえ，反社会的問題行動，精神発達の遅れ，非社会的行動，強い攻撃性，無感動・無反応，食行動上の問題であった。このように虐待は，トラウマ（精神

(p.243 に続く。)

頃の子どもたちの様子を観察する必要がある。不幸にして虐待が生じた場合，虐待された子どもに対する暖かいケアが必要となる。

このようなケアを誰が行うかという点について課題がある。児童養護施設や情緒短期療養施設などに入所している子どもは，その施設において専門家からの支援や治療を受けることができるようになりつつある。

児童虐待への対応のポイントについて，庄司（2001）を参考にp.241のTopicのようにまとめることができる。

🔵🔵🔵 参 考 図 書

玉井邦夫（2007）．学校現場で役立つ子ども虐待対応の手引き——子どもと親への対応から専門機関との連携まで——　明石書店

　副題が「子どもと親への対応から専門機関との連携まで」とあるように，教員は何ができるのか，何をすべきなのか，といった問題についてわかりやすく書かれた本。

西澤　哲（1997）．子どものトラウマ　講談社

　子どもの虐待の問題を，子どものトラウマ（精神的外傷）という視点からわかりやすく説明し，トラウマから生じる問題への対応の仕方を具体的に示している。

藤岡孝志（2008）．愛着臨床と子ども虐待　ミネルヴァ書房

　虐待を受けた子どもたちへのケア，養育者・援助者への支援，子どもと養育者・援助者との関係づくりなどのために，愛着理論の視点から具体的な事例やプログラムなどを示しながら考察している。

(p.241 より続く。)
的外傷）として長期にわたる影響を児童に与えるので，子どもに対する心理療法が必要となる。

4. 親への援助と治療：子どものの保護やセラピー（心理療法）とともに，虐待をした保護者（親）に対する援助や治療が必要となる。虐待する保護者の内訳は実母（50.8％）が実父（28.5％）より多かった。保護者の生育歴は一人親家庭，被虐待経験，両親不和，継親子家庭，施設体験，養子・里親体験，両親死亡などがあり，70％以上の親が何らかの特別な体験をしていた（全国児童相談所長会，1997）。また，約70％の親たちが，すでに述べたような性格の偏り，アルコール依存症，人格障害，神経症，精神病という何らかの負因を有していた。さらに，経済的困難（44.6％）や親族・近隣・友人からの孤立（40.4％）という家庭が多かった。このように虐待する保護者や家庭は多くの問題を抱えているので，関係者は具体的な援助をとおして生活の安定化とともに信頼関係を築くことが大切である。また，保護者の心理的な改善を目指す心理療法も必要となる。

5. チームによる援助：虐待問題は複雑な問題であり，福祉関係者や教育関係者によるチームでの対応が基本となる。したがって，関係機関や関係者が連携し，相互理解をはかり，対応，方針，役割分担を明確にしていくことが望まれる。

ソーシャル・サポート 14

　人はみな周りの人に支えられて生きている。その支えがソーシャル・サポート（社会的支援）である。ソーシャル・サポートにはどのようなものがあるだろうか。そして，それはどのような機能を果たしているのだろうか。

　本章では，ソーシャル・サポートの内容とその効果について学ぶ。どのようなソーシャル・サポートが，子どものストレスやストレス反応に対してどのような効果をもつのか，そういった点に焦点を当てながら，不適応行動や問題行動への対応や予防について考える。

ソーシャル・サポートの内容

　子どもも大人も周りの人々から支えられながら生きている。このような周りの人からの実際的，精神的支援や援助のことをソーシャル・サポート（social support）とよぶ。その内容は，他者からの愛情，承認，補助などを含み，一般に情緒的サポート，情報的サポート，道具的サポート，評価的サポートなどからなると考えられている（久田，1987；嶋，1991。Topic 参照）。

　ソーシャル・サポートは一応このように分類できるが，そのさかいめや機能的な違いは必ずしも明確ではない。このようなサポートを1人の人から受ける場合もあるし，それぞれ異なった人から受ける場合もある。また，子どもの発達に伴ってその対象や機能は変化していく。

　ソーシャル・サポートの測定方法は，次のように2つに分類される。一つは，想定される場面において他者から援助や支援が得られるかどうかについて聞くもので，期待や予想を反映している。そこでサポート期待とか知覚されたサポートとよばれている。他の一つは，これまでどのような支援や援助を受けてきたかに関するもので実行サポートとよばれている（久田，1987；岡安ほか，1993）。

　ソーシャル・サポートの因子として，小学生，中学生を対象とした多くの研究で，知覚されたサポートに関して1つの因子が抽出されている（森・堀野，1992；久田ほか，1989；岡安ほか，1993；嶋田，1993）。したがって，上記のような因子に分かれていない。また，現実にどのようなサポートを得ているかについて，小学4，5，6年生を対象とした研究でも，信頼性の高い因子としては「評価的・情緒的サポート」という1つの因子だけが得られ

Topic 情緒的・情報的・道具的・評価的サポート

情緒的サポートというのは，自分のことをよく理解してくれ，信じてくれているという周りの人たちからの支えであり，心の支えとなるものである。

情報的サポートは，知らないことを教えてくれるというように，知識や情報を教えてくれたり，情報を得る方法を教えてくれるというような援助である。

道具的サポートは，家事や身の回りのことを手伝ってくれたりお金を貸してくれたりというように，困ったときに実際的な援助をしてくれることを指す。

評価的サポートは，自分の能力や長所を理解し高く評価してくれるという支えである。

ている（平田，1996）。その内容は，小学生にとって中核的なサポートは，自分をよく理解し，価値を認め，励ましてくれる心の支え，つまり，情緒的サポートであることがわかった。その具体的な項目を表14-1に示す。

　困難にあったときに小学生はどのようなサポートを求めるのだろうか。5，6年生を対象とした研究では，子どもたちは，算数の問題から生じる不安に対しては教師の道具的サポートを，友だちのからかいや嘲笑から生じる不安に対しては教師の情緒的サポートを求めていた（渡部・佐久間，1998）。このように，当面している課題によって求めるサポートの内容が異なることがわかる。

　私たちの心のなかで機能しているソーシャル・サポートは，将来の事態における単なる予想や想像上の産物でもなく，また単なる過去の事実でもない。それは，過去から現在にわたって支えられているという実感であり，近い将来にも継続するという認識を伴ったものだと考えられている（森下，1999）。

　周りの人たちからのサポートは，学年が進むにつれてどのように変化するのだろうか。上記の情緒的サポート10項目の総得点について，父親，母親，担任の先生，同性の友人からのサポートに関して，小・中・高校生の結果を比較検討した（森下，1999）。

　小学生について，図14-1に友だち，担任，父親，母親からのサポート得点を示す。相互に比較すると，男子の場合，母親からのサポートが一番高く，ついで父親であり，友だちと担任からのサポートは比較的低かった。女子の場合，母親からのサポートが一番高く，ついで父親と友だちで，担任からのサポートは低かった。また，男女を比較すると，友だちと母親からのサポートは女子のほうが男子より高いという特徴があった。

表 14-1 ソーシャル・サポートの項目（森下，1999）

項目内容
1．あなたの話をよく聞いてくれる
2．何かをがんばった時，努力をみとめてくれる
3．あなたの良いところを，みとめてくれている
4．いつでも，あなたのことを信じていてくれる
5．何かうれしいことがあった時，いっしょによろこんでくれる
6．あなたのことを，とても大切にしてくれる
7．だれかにいやなことをいわれた時，なぐさめてくれる
8．何かなやんでいる時に，相談にのってくれる
9．ふだんから，あなたの気持ちを，よくわかっていてくれる
10．まちがったり，失敗しても，やさしくうけとめてくれる

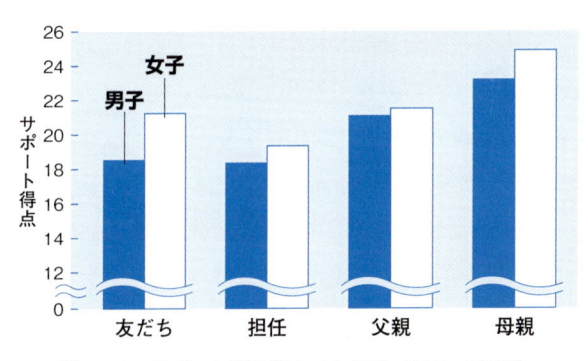

図 14-1 サポート源の得点（小学生）（森下，1999）

小学生を中学生（図14-2）と比較すると，男女ともに小学生のほうが担任や両親からのサポートが高いが，その反対に，中学生女子の友だちからのサポートは小学生よりも高かった。

　中学生の結果は，男子は小学生の結果とよく似ていたが，女子は友だちからのサポートが母親からのサポートと同じぐらい高く，かつ男子よりも著しく得点が高かった。その傾向は高校生でより顕著であった。このようななかで，中学生の男子について，友だちからのサポートが母親や父親からのサポートよりも低いのが注目された。従来，中学生になると友だちとの関係が親密になり，親よりも友だちからのサポートが高くなるといわれている。しかし，この結果は予想に反しており，今日の男子中学生について，友人関係の希薄さと母親との密接な関係という特徴の一端が示されているようである。

🌐 ソーシャル・サポートの効果

　ソーシャル・サポートが子どものどのような側面に対して，どのような影響を与えるのだろうか。小学生についての縦断的な研究によれば，父親・母親・学級担任・友人たちによるサポートの得点が高いことが自尊感情の高さ，孤立感のなさ，級友の安定性，学校モラールの高さと関連していた（小嶋ほか，1996，1997a，1997b；宮川ほか，1996）。また，小学校4，5年生を対象とした縦断的研究において，サポートの高さと測定1年後の子どもの特徴との間にもほぼ同じような結果が得られている（小嶋ほか，1998）。このように，周りの人たちからのサポートの豊かさが，子どもの自尊感情，向社会性，人間関係にプラスの影響を与えると推測できる。

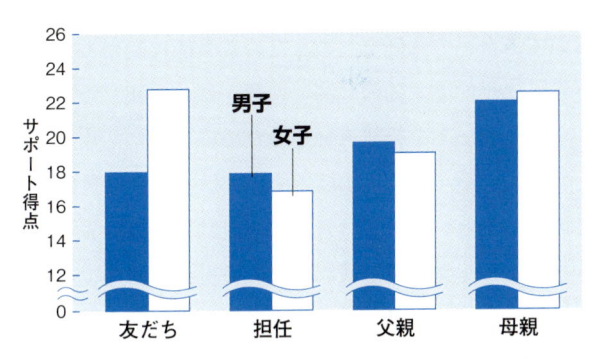

図 14-2　サポート源の得点（中学生）(森下，1999)

ソーシャル・サポートの効果

また，小学2年生を対象とした研究では，誰にでも豊かに情動表出をする子どもは，困ったときに父母から情緒的サポートが得られると認知していた。それに対して，誰にも情動表出しない子どもは父母から情緒的サポートが得られないと認知していた（塙，1999）。したがって，一般的に情動表出の乏しい子どもほど周りの人から回避される傾向が高いが，そのような子どもこそ情緒的サポートを必要としている子どもだということがいえる。

　さて，ソーシャル・サポートは絶望感の緩和にどのような効果をもたらすのだろうか。小学校4年生から6年生を対象とした研究において，自己の評価を高めるために目標に向かって努力する児童（自己充足的達成動機の高い児童）は，父親，母親，友だち，先生からのサポートを絶望感緩和のために有効に活用できることを示していた（森・堀野，1997）。しかし，他者に負けたくないために努力するという児童（競争的達成動機の高い児童）は，そのようなサポートを絶望感緩和のために有効に活用できなかった。このように，ソーシャル・サポートは単に受動的な影響をもたらすのではなく，それを主体的に利用するという子どもの側の要因が関与しているといえよう。

🔵 ストレスとソーシャル・サポート

　ソーシャル・サポートがストレス反応に対してどのような効果をもつのだろうか。著者らの研究結果では，小学生について，情緒的サポートは，学校ストレスからくる男女の登校拒否感情に対して，緩和効果をもっていた（森下，1999）。また，いじめから生じるストレス反応に関しても，このようなサポートは女子の攻撃性に対して緩和効果をもっていた（図14-3）。さらに，登校拒

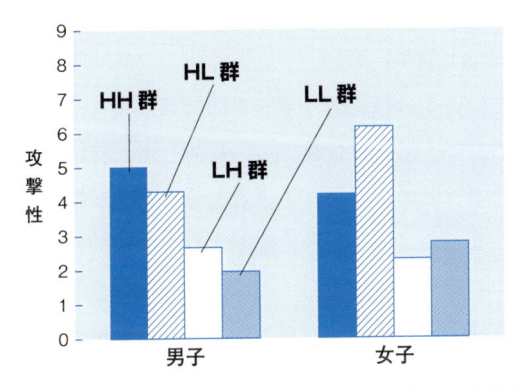

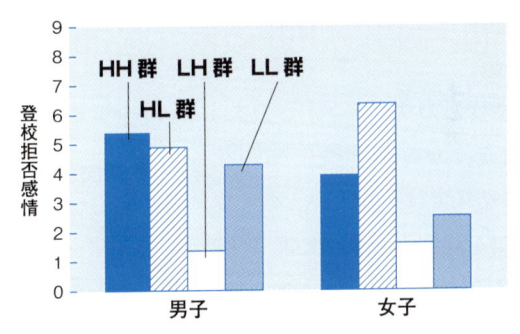

図 14-3　いじめ，サポートと攻撃性（小学生）（森下，1999）
HH：いじめによるストレスが高く，それに対するサポートの得点も高い群。
HL：いじめによるストレスは高いが，それに対するサポートの得点は低い群。
LH：いじめによるストレスは低いが，それに対するサポートの得点は高い群。
LL：いじめによるストレスが低く，それに対するサポートの得点も低い群。

図 14-4　いじめ，サポートと登校拒否感情（小学生）（森下，1999）
HH：いじめによるストレスが高く，それに対するサポートの得点も高い群。
HL：いじめによるストレスは高いが，それに対するサポートの得点は低い群。
LH：いじめによるストレスは低いが，それに対するサポートの得点は高い群。
LL：いじめによるストレスが低く，それに対するサポートの得点も低い群。

ストレスとソーシャル・サポート

否感情に関しては，男子ではいじめストレスが低い場合に，女子ではいじめストレスが高い場合に，情緒的サポートによる緩和効果がみられた（図 14-4）。

中学生については情緒的サポートの効果は大きかった。一般にサポートの高い者は攻撃性が低いのに対して，特にいじめストレスが高くサポートの少ない女子は著しく攻撃性が高いということが明らかとなった（図 14-5）。同じような結果は抑鬱性や登校拒否感情についてもみられた。

このように情緒的サポートがストレス反応を緩和するのに対して，サポートが少ない場合はストレス反応がストレスの量に比例して増幅されると考えられる。結果を詳細にみていくと，女子へのサポートは，一般にストレスが高くても低くても，ストレス反応に対して緩和効果をもつのに対して，男子ではストレスが低い場合にのみ緩和効果をもつようである。したがって，特に男子の場合は，ストレスが高くならない早期からのサポートが重要だと考えられる。

さて，誰からのサポートがどのようなストレス緩和効果をもたらすのだろうか。小学校 5, 6 年生を対象とした外山・桜井（1998）の結果では，友人からのサポートと先生からのサポートが攻撃行動を緩和するが，父親，母親からのサポートは効果がなかった。ここでは親からのサポートよりも，友人や先生からのサポートの効果が注目される。

担任教師からのサポートの効果は，別の研究でもみられている（森下，1999）。小学生では父母，友だち，担任教師のサポートのなかで，教師のサポートだけが子どもの抑鬱性や攻撃性，登校拒否感情の緩和に効果をもたらすと考えられた（表 14-2）。登校拒

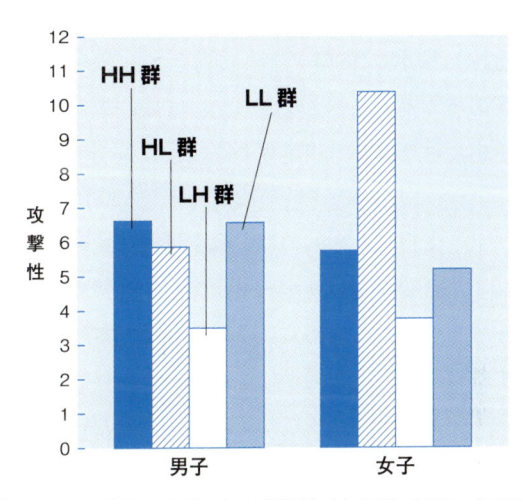

図 14-5　いじめ，サポートと攻撃性（中学生）（森下，1999）
HH：いじめによるストレスが高く，それに対するサポートの得点も高い群。
HL：いじめによるストレスは高いが，それに対するサポートの得点は低い群。
LH：いじめによるストレスは低いが，それに対するサポートの得点は高い群。
LL ：いじめによるストレスが低く，それに対するサポートの得点も低い群。

表 14-2　サポート源とストレス反応との相関（小学生）（森下，1999）

サポート源	男　子		
	抑鬱性	攻撃性	登校拒否
1　友だち	−.081	.006	−.074
2　先生	−.221**	−.120	−.339**
3　父親	.043	.083	.038
4　母親	−.023	.041	−.046

サポート源	女　子		
	抑鬱性	攻撃性	登校拒否
1　友だち	−.149	−.119	−.198*
2　先生	−.235**	−.270*	−.261**
3　父親	−.039	−.135	−.176*
4　母親	.031	.019	−.085

$*p < .05$　$**p < .01$

ストレスとソーシャル・サポート

否感情についての教師のサポート効果はほかの研究でも認められている（宝田・松本，1996）。それに対して，親や友だちからのサポートがあまり効果を示さなかった。また，教師のサポートの効果は小学生だけでなく，中学生や高校生にも認められた（森下，1999）。

　教師のサポート得点そのものは父親や母親に比較すると低いにもかかわらず，教師からのサポートがストレス緩和効果をもっている点は注目すべきことである。このことは，本当にそうなのか，そうだとすればなぜそうなのかについて今後の検討が必要である。また，中学生・高校生の女子については，教師だけでなく，友だちや父親・母親からのサポート効果があることが明らかとなった（表14-3）。

　以上のように，両親をはじめ担任教師や友人からのサポートが，子どものストレスやストレス反応を緩和するということが示唆された。したがって，不登校やいじめ，虐待などの問題で苦しんでいる子どもたちのために，周りの人たちの暖かい支えが必要だということ，またそのようなサポートが不適応行動や問題行動を防ぐためのキーになるといえよう。

表 14-3 サポート源とストレス反応との相関（中学生）(森下, 1999)

サポート源	男子		
	抑鬱性	攻撃性	登校拒否
1 友だち	−.060	.013	−.074
2 先生	−.187*	−.179*	−.204*
3 父親	−.046	−.096	−.057
4 母親	−.017	−.076	−.084

サポート源	女子		
	抑鬱性	攻撃性	登校拒否
1 友だち	−.272**	−.308**	−.367**
2 先生	−.216**	−.298**	−.191*
3 父親	−.291**	−.237**	−.176*
4 母親	−.172*	−.249**	−.111

*$p < .05$ **$p < .01$

ストレスとソーシャル・サポート

●●● 参考図書

橋本　剛（2005）．ストレスと対人関係　ナカニシヤ出版

　ストレス，ライフサイクル，対人ストレスとソーシャル・サポートとの関連，そして対人関係の問題について，具体的な研究や資料と共にわかりやすく説明している。引用文献も豊富である。

ルイス，M.（著）高橋惠子（編・監訳）（2007）．愛着からソーシャル・ネットワークへ——発達心理学の新展開——　新曜社

　愛着理論とソーシャル・ネットワーク理論との議論を，提案論文とそれに対するコメント論文で構成し，二者関係を超えるソーシャル・ネットワークの概念を提案している。心理学専門用語解説付き。

引用文献

【0章】

Bronfenbrenner, U.（1981）. *The ecology of human development : Experiments by nature and design*. Harvard University Press.
　（ブロンフェンブレンナー, U.（著）磯貝芳郎・福富　護（訳）（1996）. 人間発達の生態学——発達心理学への挑戦——　川島書店）
小嶋秀夫（1991）. 児童心理学への招待——学童期の発達と生活——　サイエンス社
小嶋秀夫・森下正康（2004）. 児童心理学への招待［改訂版］——学童期の発達と生活——　サイエンス社
村田孝次（1990）. 児童発達心理学　培風館
園原太郎（1980）. 認知の発達　培風館
山内俊雄（2004）. 改訂版　性同一性障害の基礎と臨床　新興医学出版社

【1～3章】

和歌山県青少年問題協議会（2006）. 和歌山県青少年プラン　和歌山県
和歌山県青少年問題協議会専門委員会（2005）. 和歌山の青少年の意識と行動——「青少年の意識と行動に関する調査」報告書——　和歌山県青少年課

【4章】

Ainsworth, M. D. S., Blehar, M. C., Waters, E., & Wall, S.（1978）. *Patterns of attachment : A psychological study of strange situation*. Erlbaum.
Bandura, A., & Waters, R. H.（1963）. *Social learning and personality development*. Holt, R. & E.
Bandura, A.（1965）. Influence of models' reinforcement contingencies on the acquisition of imitative responses. *Journal of Personality and Social Psychology*, **1**, 589-595.
バンデュラ, A.（著）原野広太郎（監訳）（1979）. 社会的学習理論——人間理解と教育の基礎——　金子書房
Bandura, A.（1986）. *Social foundations of thought and action : A social cognitive theory*. Prentice-Hall.
ボウルビィ, J.（著）黒田実郎ほか（訳）（1976）. 母子関係の理論Ⅰ——愛着行動——　岩崎学術出版社
柏木惠子（1978）. こどもの発達・学習・社会化——発達心理学入門——　有斐閣
数井みゆき・遠藤利彦（編著）（2005）. アタッチメント——生涯にわたる絆——　ミネルヴァ書房
小嶋秀夫（2001）. 心の育ちと文化　有斐閣

久保田まり（1995）．アタッチメントの研究——内的ワーキング・モデルの形成と発達—— 川島書店

クレッチメル, E.（著）相場 均（訳）（1960）．体格と性格——体質の問題および気質の学説によせる研究—— 文光堂

森下正康（1991）．家族関係と子ども 松田 惺（編）新・児童心理学講座 第12巻 金子書房

森下正康（1996）．子どもの社会的行動の形成に関する研究——同一視理論とモデリング理論からのアプローチ—— 風間書房

森下正康・木村あゆみ（2004）．母親の養育態度におよぼす内的ワーキング・モデルとソーシャルサポートの影響 和歌山大学教育学部教育実践研究指導センター紀要, **14**, 123-131.

村尾能成（1966）．親の養育態度と子どもの性格 天野利武（監修）遠藤汪吉・前田嘉明（共編）心理学への招待——行動の体系的理解のために—— 六月社

ノルト, D. L.・ハリス, R.（著）石井千春（訳）（1999）．子どもが育つ魔法の言葉 PHP研究所

Norman, W. T.（1963）. Toward an adequate taxonomy of personality attributes. *Journal of Abnormal and Social Psychology*, 66, 574-583.

Schaefer, R. S.（1959）. A circumplex model for maternal behavior. *Journal of Abnormal and Social Psychology*, **59**, 226-235.

末田啓二・庄司留美子・森下正康（1985）．母子相互の対応様式の分析——質問紙法による母子の対応連鎖の特徴—— 和歌山信愛女子短期大学信愛紀要, **25**, 31-38.

菅原ますみ（1992）．気質 東 洋ほか（編）発達心理学ハンドブック 福村出版 pp.723-731.

詫摩武俊（監修）青木孝悦ほか（編）（1998）．性格心理学ハンドブック 福村出版

詫摩武俊・瀧本孝雄・鈴木乙史・松井 豊（2003）．性格心理学への招待［改訂版］——自分を知り他者を理解するために—— サイエンス社

Thomas, A., & Chess, S.（1986）. The New York longitudinal study: From infancy to early adult life. In R. Plomine, & J. Dunn（Eds.）, *The study of temperament : Changes, continuities and challenges*. Lawrence Erlbaum Associates.

辻岡美延（2006）．新性格検査法—— YG性格検査 応用・研究手引—— 日本心理テスト研究所

【5章】

オルポート, A. W.（著）詫摩武俊ほか（訳）（1982）．パーソナリティ——心理学的解釈—— 新曜社

Erikson, E. H.（1950）. *Childhood and society*. W. W. Norton.

古荘純一（2009）．日本の子どもの自尊感情はなぜ低いのか——児童精神科

医の現場報告―――　光文社
春木　豊（1986）．行動的セルフコントロールの諸理論　心理学評論, **29**, 46-69.
石田勢津子（1986）．自己評価とセルフコントロール　心理学評論, **29**, 27-43.
柏木惠子（1988）．幼児期における「自己」の発達―――行動の自己制御機能を中心に―――　東京大学出版会
加藤隆勝・高木秀明（1979）．青年期における自己概念の発達的変容（1），（2）　日本心理学会第 43 回大会発表論文集, 410-411.
小嶋秀夫・森下正康（2004）．児童心理学への招待［改訂版］―――学童期の発達と生活―――　サイエンス社
小南早苗（2010）．子どもの頃の母親の言葉かけと自尊感情の形成について　京都女子大学発達教育学部（児童学科）卒業論文（未公刊）．
森下正康（1991）．児童の自己強化におよぼす複数モデルと自己評価の影響　心理学研究, **62**, 54-57.
森下正康（2000）．幼児期の自己制御機能の発達（2）―――親子関係と幼稚園での子どもの特徴―――　和歌山大学教育学部教育実践研究指導センター紀要, **10**, 117-128.
森下正康（2001）．幼児期の自己制御機能の発達（3）―――父親と母親の態度パターンが幼児にどのような影響を与えるか―――　和歌山大学教育学部教育実践総合センター紀要, **11**, 87-100.
森下正康（2002a）．幼児期の自己制御機能の発達（4）―――園と家庭における縦断的研究―――　和歌山大学教育学部紀要（教育科学）, **52**, 1-12.
森下正康（2002b）．幼児期の自己制御機能の発達（5）―――親子関係が家庭と園での子どもの行動パターンにおよぼす影響―――　和歌山大学教育学部教育実践総合センター紀要, **12**, 47-62.
森下正康・打田容子（1984）．問題行動を示す中学生の適応性と欲求に関する研究　和歌山大学教育学部教育研究所報, **7**, 125-137.
森下正康・赤坂博子（1985）．自信および劣等感の構造に関する発達的研究　和歌山大学教育学部教育研究所報, **9**, 15-29.
庄司一子（1996）．幼児・児童の self-control の発達とその規定要因に関する研究　風間書房
塚本伸一（1988）．児童の自己統制に関する研究―――TSCRS 日本版の検討（1）―――　日本教育心理学会第 30 回大会発表論文集, 396-397.
矢川晶子（1999）．児童期の自己制御の発達およびその関連要因について―――不安・コンピテンス・学習行動との関連性―――　和歌山大学大学院教育学研究科修士論文（未公刊）．
山本真理子・松井　豊・山城由紀子（1982）．認知された自己の諸側面の構造　教育心理学研究, **30**, 64-68.

【6章】

後浜恭子 (1981). モデルとの養育関係の認知が幼児の愛他行動の模倣におよぼす影響 大阪市立大学生活科学部紀要, **29**, 271-279.

Davis, M. H. (1983). Measuring individual differences in empathy: Evidence for a multidimensional approach. *Journal of Personality and Social Psychology*, **44**, 113-126.

Eisenberg-Berg, N., & Mussen, P. H. (1978). Empathy and moral development in adolescents. *Developmental Psychology*, **14**, 185-186.

Eisenberg-Berg, L., & Lenon, R. (1980). Altruism and the assessment of empathy in the preschool years. *Child Development*, **51**, 552-557.

Eisenberg, N. (1986). *Altruistic emotion, cognitive and behavior.* Lawrence Erlbaum Associates.

Fabes, R. A., Fulz, J., Eisenberg, N., May-Plumlee, T., & Christopher, F. S. (1989). Effects of rewards on children's prosocial motivation: A socialization study. *Developmental Psychology*, **25**, 509-515.

Hoffman, M. L. (1960). Power assertion by the parent and its impact on the child. *Child Development*, **31**, 129-143.

Hoffman, M. L. (1963). Parent discipline and the child consideration for others. *Child Development*, **34**, 573-588.

Hoffman, M. L., & Saltzstein, H. D. (1967). Parent discipline and the child's moral development. *Journal of Personality and Social Development*, **5**, 45-57.

Hughes, R., Tingle, B. A., & Sawin, D. (1981). Development of empathetic understanding in children. *Child Development*, **52**, 122-128.

Iannotti, R. J. (1985). Naturalistic and structured assessment of prosocial behavior in preschool children: The influence of empathy and perspective taking. *Child Development*, **21**, 46-55.

川島一夫 (1979). 愛他行動と親子関係 日本教育心理学会第21回総会発表論文集, 138-139.

菊池章夫 (1984). 向社会的行動の発達 教育心理学年報, **23**, 117-118.

Krebs, D. L. (1975). Empathy and altruism. *Journal of Personality and Social Psychology*, **32**, 1124-1146.

Levine, L. E., & Hoffman, M. L. (1975). Empathy and cooperation in four year old. *Developmental Psychology*, **11**, 533-534.

Londerville, S., & Main, M. (1981). Security of attachment, compliance, and maternal training methods in the second year life. *Developmental Psychology*, **17**, 289-299.

森下正康 (1983). 児童期の親子関係と対人行動特性の同一視 和歌山大学教育学部教育研究所報, **6**, 27-39.

森下正康 (1990a). 幼児の共感性が援助行動のモデリングにおよぼす効果 教育心理学研究, **38**, 174-181.

森下正康(1990b).中学生の親子関係とパーソナリティの類似性認知 和歌山大学教育学部教育研究所報,**14**,19-31.

森下正康(1996a).児童の共感性の認知的因子と感情的因子が向社会的行動におよぼす影響 和歌山大学教育学部紀要(教育科学),**46**,57-71.

森下正康(1996b).子どもの社会的行動の形成――同一視理論とモデリング理論からのアプローチ―― 風間書房

森下正康・西村 恵(1997).種々の援助行動におよぼす促進動機と抑制動機の効果 和歌山大学教育学部紀要(教育科学),**47**,21-34.

Mussen, P., & Eisenberg-Berg, N.(1980). *Roots of caring, sharing and helping : The development of prosocial behavior in children.* W. H. Freeman.(マッセン,P.・アイゼンバーグ゠バーグ,N.(著)菊池章夫(訳編)(1980).思いやりの発達心理 金子書房)

中村陽吉・高木 修(1987).「他者を助ける行動」の心理学 光生館

ノルト,D. R.・ハリス,R.(著)石井千春(訳)(1999).子どもが育つ魔法の言葉 PHP研究所

ノルト,D. R.・ハリス,R.(著)雨宮弘美(訳)(2004).10代の子どもが育つ魔法の言葉 PHP研究所

Radke-Yarrow, M., Zahn-Waxler, C. H., & Chapman, M.(1983). Children's prosocial dispositions and Behavior. In P. H. Mussen(Ed.), *Handbook of child psychology*. Vol. 4. 4th ed. pp.489-545.

Rutherford, E., & Mussen, P. H.(1968). Generosity in nursery school boys. *Child Development*, **39**, 755-765.

桜井茂雄(1986).児童における共感と社会的行動の関係 教育心理学研究,**34**,342-346.

佐藤哲夫(1982).子どもの愛他行動と親子関係の関する研究 異文化間教育学会ニューズレター,**3**,8-9.

澤田瑞也(1992).共感の心理学――そのメカニズムと発達―― 世界思想社

首藤敏元(1985).児童の共感と愛他行動――情緒的共感の測定に関する探索的研究―― 教育心理学研究,**33**,226-231.

杉山賢二(1992).愛他行動 東 洋・繁多 進・田島信元(編)発達心理学ハンドブック 福村出版 p.813.

田淵 創・田中国夫(1979).幼児の愛他行動と母親の愛他性 日本教育心理学会第21回総会発表論文集,652-653.

高木 修(1982).順社会的行動のクラスターと行動特性 年報社会心理学,**23**,137-156.

高野清純(1982).愛他心の発達心理学――思いやりと共感を育てる―― 有斐閣

艮まどか(2009).家庭内の動物飼育経験が子ども共感性におよぼす影響に関する研究 京都女子大学発達教育学部2008年度卒業論文(未公刊).

渡辺弥生・衛藤真子(1990).児童の共感性及び他者の統制可能性が向社会

的行動に及ぼす効果　教育心理学研究, **38**, 151-156.
Yarrow, M. R., & Scott, P. M.（1972）. Imitation of nurturant and non-nurturant models. *Journal of Personality and Social Development*, **23**, 259-270.

【7章】

東　洋（1994）．日本人のしつけと教育——発達の日米比較にもとづいて——　東京大学出版会
Brabeck, W.（1983）. Moral judgment : Theory and research on differences between males and females. *Developmental Review*, **3**, 274-291.
アイゼンバーグ, N. ・マッセン, P.（著）菊池章夫・二宮克美（訳）（1991）．思いやり行動の発達心理　金子書房
ギリガン, C.（著）岩男寿美子（監訳）（1986）．もうひとつの声——男女の道徳観のちがいと女性のアイデンティティ——　川島書店
コールバーグ, L.（著）永野重史（監訳）（1987）．道徳性の形成——認知発達的アプローチ——　新曜社
小嶋秀夫（1991）．児童心理学への招待——学童期の発達と生活——　サイエンス社
永野重史（編）（1985）．道徳性の発達と教育　新曜社
二宮克美（1980）．児童の道徳的判断に関する一研究—— Gutkin の 4 段階説の実験的検討——　教育心理学研究, **28**, 18-27.
二宮克美（1985）．児童の道徳判断に関する研究展望（1）愛知学院大学論叢（一般教育研究）, **33**, 27-41.
二宮克美（1992）．道徳性　東　洋・繁多　進・田島信元（編）発達心理学ハンドブック　福村出版　pp.840-855.
Turiel, E.（1983）. *The development of social knowledge : Morality and convention*. Cambridge University Press.
山岸明子（1985）．日本における道徳判断の発達　永野重史（編）道徳性の発達と教育　新曜社
山岸明子（1992）．責任制理論　日本道徳性心理学研究会（編著）．道徳性心理学——道徳教育のための心理学——　北大路書房　pp.145-156.

【8章】

Bandura, A.（1973）. *Aggression : A social learning and analysis*. Prentice-Hall.
Bandura, A., Ross, D., & Royss, S. A.（1963）. Imitation film-mediated aggression models. *Journal of Abnormal and Social Psychology*, **66**, 3-11.
Berkowitz, L.（1974）. Some determinants of impulsive aggression : The role of mediated associations with reinforcements for aggression. *Psychological Review*, **81**, 165-176.
Dollard, J. J., Miller, N. E., Doob, L. W., Sears, R. R., & Mowrer, O. H.（1939）. Frustration and aggression. Yale University Press.

(ドラード, J. ほか（著）宇津木　保（訳）(1959). 欲求不満と暴力　誠信書房）

Fairchild, L., & Erwin, W. M. (1977). Physical punishment by parent figures as a model of aggressive behavior in children. *Journal of Genetic Psychology*, **130**, 279-284.

藤井恭子 (1973). Modeling におよぼす認知的効果について　日本教育心理学会第15回総会発表論文集, 426.

Hall, W. M., & Cairns, R. B. (1984). Aggressive behavior in children: An outcomes of modeling or social reciprocity. *Developmental Psychology*, **20**, 739-745.

Hart, C. H., DeWolf, M., & Burts, D. C. (1993). Parental disciplinary strategies and preschoolers' play behavior in playground settings. In C. H. Hart (Ed.), *Children on playgrounds: Research perspectives and applications*. State University of New York Press. pp.271-313.

Hartmann, D. P. (1969). Influence of symbolically modeled instrumental aggression and pain cues on aggressive behavior. *Journal of Personality and Social Development*, **11**, 280-288.

橋本香奈 (2010). 親の養育態度が児童の攻撃行動におよぼす影響　京都女子大学大学院発達教育学研究科修士論文（未公刊）．

Hoffman, M. L. (1960). Power assertion by the parent and the impact on the child. *Child Development*, **31**, 129-143.

松田　惺 (1973). 幼児の母親模倣行動における母子関係の影響　心理学研究, **44**, 79-84.

森下正康 (1983). 児童期の親子関係と対人行動特性の同一視　和歌山大学教育学部教育研究所報, **6**, 27-39.

森下正康 (1990). 中学生の親子関係とパーソナリティの類似性認知　和歌山大学教育学部教育研究所報, **14**, 19-31.

森下正康 (1996). 子どもの社会的行動の形成に関する研究──同一視理論とモデリング理論からのアプローチ──　風間書房

森下正康・津村孝幸 (1998). 「学校ストレス」と「いじめ」が子どもの抑鬱性，攻撃性，登校拒否感情におよぼす影響　和歌山大学教育学部教育実践研究指導センター紀要, **8**, 11-24.

Mowrer, O. H. (1950). Identification: A link between learning theory and psychotherapy. In O. H. Mowrer (Ed.), *Learning theory and personality dynamics*. Ronald. pp.573-616.

中村陽吉 (1976). 対人関係の心理──攻撃か援助か──　大日本図書

Purelo, J. S. (1978). Acquisition of imitative aggression in children as a function of the amount of reinforcement given the model. *Social Behavior and Personality*, **6**, 67-71.

Sears, R. R., Maccoby, E. E., & Levine, H. (1957). *Patterns of child rearing*. Row & Perterson.

Sears, R. R., Rau, L., & Alpert, R.（1965）. *Identification and child-rearing*. Stanford University Press.
末田啓二・庄司留美子・森下正康（1985）．母子相互の対応様式の分析——質問紙法による母子の対応連鎖の特徴—— 和歌山信愛女子短期大学信愛紀要, **25**, 31-38.
高島恭子（1970）．攻撃的行動の獲得機序に関する研究 教育心理学研究, **18**, 139-148.

【9章】

嘉数朝子・井上 厚・富山りえ・知花亜紀子・砂川裕子（1997）．児童の心理的ストレスの発達的研究——ストレスフル・ライフイベント尺度の分析を中心に—— 安田生命社会事業団研究助成論文集, **32**（3）．
小石寛文（1995）．学級編成替えに伴う仲間関係の展開（3） 日本発達心理学会第6回大会発表論文集, 73.
森下正康・津村孝幸（1998）．「学校ストレス」と「いじめ」が子どもの抑鬱性，攻撃性，登校拒否感情におよぼす影響 和歌山大学教育学部教育実践研究指導センター紀要, **8**, 11-24.
中西信男・古市祐一・三田俊樹（1993）．ストレス克服のためのカウンセリング 有斐閣
中澤 潤（1977）．児童のライフイベントとストレス 日本心理学会第61回大会発表論文集, 289.
鈴木康平（2000）．学校におけるいじめの心理 ナカニシヤ出版

【10章】

稲村 博（1994）．不登校の研究 新曜社
文部科学省（2009）．平成20年度「児童生徒の問題行動等生徒指導上の諸問題に関する調査」について
森田洋司・清永賢二（1997）．いじめ［新訂版］——教室の病—— 金子書房
佐藤修策（1996）．登校拒否ノート——いま，むかし，そしてこれから—— 北大路書房
和歌山県青少年問題協議会専門委員会（2005）．和歌山の青少年の意識と行動——「青少年の意識と行動に関する調査」報告書—— 和歌山県青少年課

【11章】

有元秀文（編）（2008）．ネットいじめ・言葉の暴力克服の取り組み——心と心が通い合う子どものコミュニケーションづくり—— 教育開発研究所
古市裕一・余公俊晴・前田典子（1989）．いじめにかかわる子どもたちの心理的特徴 岡山大学教育学部研究集録, **81**, 121-128.
今泉 博（1998）．「荒れる」子どもたちに教えられたこと——学校を楽しさ

と安心の場に——　ひとなる書房
嘉数朝子・井上　厚・富山りえ・知花亜紀子・砂川裕子（1997）．児童の心理的ストレスの発達的研究——ストレスフル・ライフイベント尺度の地域比較分析を中心に——　安田生命社会事業団研究助成論文集, **32**(3).
金子　保（2001）．学級崩壊・授業困難はこうして乗りこえる　小学館
小林　剛（1985）．いじめを克服する——教師への期待——　有斐閣
文部科学省（2009）．平成20年度「児童生徒の問題行動等生徒指導上の諸問題に関する調査」について
森下正康（1997）．「いじめ」に関する研究（報告書）　和歌山県教育委員会
森田洋司・清永賢二（1997）．いじめ [新訂版]——教室の病——　金子書房
尾木直樹（2007）．いじめ問題とどう向き合うか　岩波書店
杉原一昭・宮田　敬・桜井茂男（1986）．「いじめっ子」と「いじめられっ子」の社会的地位とパーソナリティ特性の比較　筑波大学心理学研究, **8**, 63-71.
鈴木康平（2000）．学校におけるいじめの心理　ナカニシヤ出版
山口県いじめ問題対策協議会（1996）．いじめ問題の防止・根絶に向けて　山口県教育委員会

【12章】

原田正文（2001）．小学生の心がわかる本——低学年と高学年でちがう処方箋——　農山漁村文化協会
金子　保（2001）．学級崩壊・授業困難はこうして乗りこえる　小学館
河上亮一（1999）．学校崩壊　草思社
三隅二不二（1986）．リーダーシップの科学——指導力の科学的診断法——　講談社
尾木直樹（1999）．「学級崩壊」をどうみるか　日本放送出版協会

【13章】

井上直美・井上　薫（編著）（2008）．子ども虐待防止のための家族支援ガイド——サインズ・オブ・セイフティ・アプローチ入門——　明石書店
児童虐待問題研究会（2008）．Q&A 児童虐待防止ハンドブック　ぎょうせい
ケイ, J.（著）桑原洋子・藤田弘之（訳）（2005）．児童虐待防止と学校の役割　信山社出版
厚生労働省（2007）．平成18年度児童相談所における児童虐待相談対応件数等　< http://www.mhlw.go.jp/bunya/kodomo/dv16/index.html >
西澤　哲（1994）．子どもの虐待——子どもと家族への治療的アプローチ——　誠信書房
西澤　哲（1997）．子どものトラウマ　講談社
岡本正子（2007）．臨床発達心理士資格更新研修会「虐待について」資料

（京都光華女子大学）

庄司順一（2001）．子ども虐待の理解と対応――子どもを虐待から守るために――　フレーベル館

杉山登志郎（2007）．子ども虐待という第四の発達障害　学習研究社

全国児童相談所会（1997）．全国児童相談所における家庭内虐待調査結果報告　全児相通巻62号別冊

【14章】

塙　朋子（1999）．子どもの情動表出の個人差（1）日本発達教育心理学会第10回大会発表論文集, 342.

平田良子（1996）．小学生の学校生活における心理的ストレスとソーシャル・サポートに関する研究　和歌山大学大学院教育学研究科修士論文（未公刊）．

久田　満（1987）．ソーシャル・サポート研究の動向と今後の課題　看護研究, **20**, 170-179.

久田　満・千田茂博・箕口雅博（1989）．学生用ソーシャル・サポート尺度作成の試み（1）　日本社会心理学会第30回大会発表論文集, 13-144.

小嶋秀夫・宮川充司・佐藤朗子（1996）．小学生のソーシャル・サポートの構造と機能（2）日本教育心理学会第38回総会発表論文集, 77.

小嶋秀夫・宮川充司・佐藤朗子（1997a）．小学生のソーシャル・サポートの構造と機能（3）日本発達教育心理学会第8回大会発表論文集, 272.

小嶋秀夫・宮川充司・佐藤朗子（1997b）．小学生のソーシャル・サポートの構造と機能（4）日本教育教育心理学会第39回総会発表論文集, 78.

小嶋秀夫・宮川充司・佐藤朗子（1998）．小学生のソーシャル・サポートの構造と機能（5）日本教育教育心理学会第40回総会発表論文集, 81.

宮川充司・小嶋秀夫・佐藤朗子（1996）．小学生のソーシャル・サポートの構造と機能（1）日本教育心理学会第38回総会発表論文集, 76.

森　和代・堀野　緑（1992）．児童のソーシャルサポートに関する一研究　教育心理学研究, **40**, 402-410.

森　和代・堀野　緑（1997）．絶望感に対するソーシャル・サポートと達成動機の効果　心理学研究, **68**, 197-202.

森下正康（1999）．「学校ストレス」と「いじめ」の影響に対するソーシャル・サポートの効果　和歌山大学教育学部紀要（教育科学）, **49**, 27-51.

岡安孝弘・嶋田洋徳・坂野雄二（1993）．中学生におけるソーシャル・サポートの学校ストレス軽減効果　教育心理学研究, **41**, 302-312.

嶋　信宏（1991）．大学生のソーシャルサポートネットワークの測定に関する一研究　教育心理学研究, **39**, 440-447.

嶋田洋徳（1993）．児童の心理的ストレスとそのコーピング過程――知覚されたソーシャルサポートとストレス反応の関連――　ヒューマンサイエンスリサーチ, **2**, 27-44.

宝田　哲・松本泰儀（1996）．小学校の学校ストレスとソーシャルサポート

に関する研究　日本教育教育心理学会第 38 回総会発表論文集, 267.
外山美樹・桜井茂雄（1998）．児童の攻撃行動におよぼすストレッサーとソーシャル・サポートの影響　日本心理学会第 62 回大会発表論文集, 932.
渡部玲二郎・佐久間達也（1998）．児童の算数不安の構造及びそれに対する教師のサポートについて──ソーシャル・サポートの観点からの検討──　教育心理学研究, **46**, 184-192.

人名索引

ア 行
アイゼンバーグ（Eisenberg, N.） 114, 116, 118, 138
後浜恭子　128
有元秀文　209, 210

稲村　博　176
今泉　博　200

エインズワース（Ainsworth, M. D. S.） 73
エリクソン（Erikson, E. H.）　86

岡本正子　230
岡安孝弘　246
尾木直樹　202, 221
オルポート（Allport, G. W.）　84

カ 行
柏木惠子　74, 98
加藤隆勝　88
金子　保　226
河上亮一　221
川島一夫　124

菊池章夫　116
ギリガン（Gilligan, C.）　138, 139

久保田まり　79
クレッチマー（Kretschmer, E.）　60, 62

ケイ（Kay, J.）　233

小石寛文　162
コールバーグ（Kohlberg, L.）　136〜139

小嶋秀夫　3, 60, 134
小林　剛　186

サ 行
桜井茂雄　118, 254
佐藤修策　174, 176

シアーズ（Sears, R. R.）　150
シェーファー（Schaefer, R. S.）　69
嶋　信宏　246
嶋田洋徳　246
首藤敏元　114, 118
庄司一子　98
庄司順一　242

杉原一昭　196
杉山賢二　117
杉山登志郎　238
鈴木康平　186

園原太郎　4

タ 行
高木　修　115
高木秀明　88
高野清純　116
詫摩武俊　64
田中国夫　122
玉井邦夫　242

チェス（Chess, S.）　62

塚本伸一　100
辻岡美延　65

テュリエル（Turiel, E.）　133

トーマス（Thomas, A.） 62
外山美樹　254
ドラード（Dollard, J.） 142

ナ　行
中澤　潤　162
中西信男　159
永野重史　136
中村陽吉　144

西澤　哲　238
二宮克美　134

ノーマン（Norman, W. T.） 65
ノルト（Nolte, D. L.） 66, 126

ハ　行
バーコヴィッツ（Berkowitz, L.） 144
原田正文　218, 223
ハリス（Harris, R.） 66, 126
春木　豊　98
バンデューラ（Bandura, A.） 72, 74, 76, 146

ピアジェ（Piaget, J.） 134, 135
久田　満　246

古市裕一　196

古荘純一　89
ブロンフェンブレンナー（Bronfenbrenner, U.） 9

ボウルビィ（Bowlby, J.） 70, 79
ホフマン（Hoffman, M. L.） 122, 124, 128, 152

マ　行
マッセン（Mussen, P.） 116, 118
松田　惺　150

三隅二不二　226
宮川充司　250

村尾能成　71
村田孝次　9

モーラー（Mowrer, O. H.） 152
森下正康　62, 100, 118
森田洋司　176

ヤ　行
山岸明子　136
山本真理子　88

ワ　行
渡辺弥生　125

事項索引

ア 行

愛他行動　115
愛着　72
アセスメント　166, 168
アタッチメント　72
アタッチメント理論　59, 70
「荒れた」　214

いじめ　162, 164, 185〜211
依存的同一視　150
いたわり　118, 119
遺伝的要因　60
飲酒　46, 47, 51
インターネット　41
インターネット社会　41

エイジング　4
エクソシステム　9
援助行動　115, 118, 119

横断法　6
思いやり　104, 105, 108, 111, 113〜115, 129
思いやり行動　114〜116, 122, 126
思いやり行動の動機　120
親子関係　104, 108
親子間の会話・話題　26
親の誘導的しつけ　122
親の養育態度　22, 68

カ 行

回復的接近　235
解離性障害　236
加害者　196
学級崩壊　213〜216, 218, 220〜226
家庭生活　15, 16
加齢（エイジング）　4

環境的要因　60
観察学習　70, 74, 146
慣習　132
観衆　196
感受性　118, 119
感情の抑え込み　234
感情爆発　234

気質　60
起床時間　18, 19
喫煙　46, 47, 49
気づき　116
虐待　229〜234, 236, 238〜242
虐待の世代間伝達　240
客観的責任判断　134
休日の過ごし方　32, 33
共感性　113〜116, 125, 129
「キレる」　52, 142, 222

携帯電話（ケータイ）　41, 209
軽度発達障害　236
原因帰属　125
けんか　207
限界吟味　235

攻撃行動　141, 142
攻撃行動のモデリング　146, 149
攻撃性　52, 104〜109, 142
攻撃的手がかり　144
向社会的行動　115
向社会的判断　116
行動の選択　78
コホート　7
コンピテンス（社会的能力）　84

サ 行

査定（アセスメント）　166, 168

サポート　253〜257
サポート期待　246

自我　83, 84
自己　83, 84
自己意識　85
自己強化基準　94
自己主張　98〜103, 106〜108, 111
自己主張（自己表現）機能　102
自己受容　89
自己制御　83, 102, 104
自己制御機能　96
自己制御機能の発達　98
自己制御能力　96
自己同一性　85
自己統制　98
自己の発達　83
自己評価　83, 86
自己抑制　98〜107, 111
自己抑制機能　102
紙上討論　203
自信　88
自尊感情　83, 86, 89
しつけ　66
実行サポート　246
児童　2
児童期　3
児童虐待　229〜234, 236, 238〜242
児童虐待の防止等に関する法律　230
社会的学習　74
社会的学習理論　146, 147
社会的支援（ソーシャル・サポート）
　206, 245, 246, 248〜250, 252
社会的能力　84
社会的比較過程　94
就寝時間　18, 19
修正的接近　235
縦断法　7
主観的責任判断　134
生涯発達心理学　3
情緒的サポート　246〜248, 254

情報的サポート　246, 247
将来の夢　38
自律　134
自立心　96
身体的虐待　231
心的外傷後ストレス障害（PTSD）
　232
親友　31
心理的虐待　231
心理療法（セラピー）　243

ストレス　157〜160, 166, 220, 252
ストレス反応　158, 159, 166
ストレッサー　158〜160, 162, 164
ストレンジ・シチュエーション　72, 73
スリーパー効果　61

性格　59
性格特性　62
生活の質（QOL）　86
精神的外傷（トラウマ）　232, 235, 236, 238
生態学的環境　9
性的虐待　231
性同一性障害　8
セラピー　243
セルフコントロール（自己統制）　98

相互交渉過程　68
相互調整的関係説　61
ソーシャル・サポート　206, 245, 246, 248〜250, 252
遡及的研究　7

タ行

態度パターン　108
タイプ論（類型論）　60, 62
代理強化　76
脱制止　144
他律　134

担任によるいじめの発見 10 か条　200, 201

地域　36, 208
地域活動　37
知覚されたサポート　246
注意過程　76
治療的里親　237
治療的養育　237

追跡的研究　7

道具的サポート　246, 247
道徳意識　46
道徳性　131, 132
道徳的ジレンマ　136
道徳的判断説　134
特性論　64
トラウマ　232, 235, 236, 238
トラウマの内在化　234

ナ　行

内的ワーキングモデル　79, 234
内的ワーキングモデルの形成　70
仲間関係　30
悩みや心身の健康　34

日常生活のサイクル　18
日常生活の実態　29
日常の関心事　25

ネグレクト　231
ネットいじめ　209〜211

ハ　行

パーソナリティ　57, 59
パーソナリティ発達　57, 60
パーソナリティ領域　57
配慮と責任の道徳性　138, 139
発達　3
発達障害　218, 220

発達段階説　114, 136
発達の概念　3
発達のコース研究　6
発達のメカニズムの解明　6

被害者　196
非行　44, 48
ビッグ・ファイブ　64, 65
評価的サポート　246, 247

フィードバック　78, 80
不定愁訴　20
不適応行動　155, 157, 164
不登校　171〜176, 178〜180
フラストレーション　141, 142, 144, 157, 160, 220
プレイセラピー　235
プロスペクティブ研究　7
プロバイダ責任制限法の発信者情報開示ガイドライン　211

傍観者　196
保持過程　76

マ　行

マイクロシステム　9
マクロシステム　10

「三つ子の魂百まで」　60, 61

矛盾　107

メール　209
メゾシステム　9
メディアリテラシー　41

モデリング　72, 74, 76, 77, 94, 126, 128, 153
モデリング理論　59, 70, 72, 144

ヤ　行

役割取得能力　116

養育ストラテジー　124, 148
養育態度　68
養育態度の型　68
要求水準　94
欲求不満　141, 142, 144, 157, 160, 220
欲求不満―攻撃仮説　142

ラ　行

ライフコース研究　2
ライフサイクル研究　2

リーダーシップ　110〜112, 224

リーダーシップ機能　226

類型論　60, 62

劣等感　88
レディネス　144
レトロスペクティブ研究　7

英　字

M機能　226
P機能　226
PTSD　232
QOL　86
YG性格検査　64, 65

著者紹介

森下正康 (もりした　まさやす)

1965 年	京都大学文学部（心理学専攻）卒業
1970 年	京都大学大学院文学研究科博士課程修了
	和歌山大学教授を経て
現　在	京都女子大学発達教育学部教授　博士（教育心理学）

主要著書

『児童心理学への招待［改訂版］』（共著）サイエンス社
『現代青年心理学』（分担執筆）有斐閣
『家族関係と子ども』（分担執筆）金子書房
『発達心理学ハンドブック』（分担執筆）福村出版
『発達と学習』（分担執筆）協同出版
『児童期の人間関係』（分担執筆）培風館
『子どもの社会的行動の形成に関する研究』風間書房

コンパクト新心理学ライブラリ 9
児童の心理
——パーソナリティ発達と不適応行動——

2010年7月10日© 　　　　　　　　初 版 発 行

著　者　森下正康　　　　　発行者　木下敏孝
　　　　　　　　　　　　　印刷者　山岡景仁
　　　　　　　　　　　　　製本者　小高祥弘

発行所　　株式会社　サイエンス社
〒151-0051　東京都渋谷区千駄ヶ谷1丁目3番25号
営業　☎ (03) 5474-8500 (代)　振替 00170-7-2387
編集　☎ (03) 5474-8700 (代)
FAX　☎ (03) 5474-8900

印刷　三美印刷　　製本　小高製本工業
《検印省略》

本書の内容を無断で複写複製することは，著作者および
出版者の権利を侵害することがありますので，その場合
にはあらかじめ小社あて許諾をお求め下さい．

サイエンス社のホームページのご案内
http://www.saiensu.co.jp
ご意見・ご要望は
jinbun@saiensu.co.jp　まで．

ISBN978-4-7819-1249-3
PRINTED IN JAPAN

―――― コンパクト新心理学ライブラリ 既刊より ――――

1. **心理学**――心のはたらきを知る
   梅本堯夫・大山正・岡本浩一共著　　四六判／192頁　1350円
2. **学習の心理**――行動のメカニズムを探る
   実森正子・中島定彦共著　　四六判／216頁　1500円
5. **性格の心理**――ビッグファイブと臨床からみたパーソナリティ
   丹野義彦著　　四六判／264頁　1800円
7. **教育心理学 第2版**――より充実した学びのために
   多鹿秀継著　　四六判／224頁　1600円
8. **乳幼児の心理**――コミュニケーションと自我の発達
   麻生武著　　四六判／216頁　1500円
9. **児童の心理**――パーソナリティ発達と不適応行動
   森下正康著　　四六判／288頁　1900円
10. **青年の心理**――ゆれ動く時代を生きる
    遠藤由美著　　四六判／176頁　1500円
11. **臨床心理学**――心の理解と援助のために
    森谷寛之著　　四六判／240頁　1700円
12. **心理学研究法**――データ収集・分析から論文作成まで
    大山正・岩脇三良・宮埜壽夫共著　　四六判／304頁　2200円
13. **情報処理心理学**――情報と人間の関わりの認知心理学
    中島義明著　　四六判／264頁　2000円
14. **生理心理学**――脳のはたらきから見た心の世界
    岡田隆・廣中直行・宮森孝史共著　　四六判／264頁　2200円
16. **実験心理学**――こころと行動の科学の基礎
    大山正編著　　四六判／248頁　1850円

＊表示価格はすべて税抜きです。

―――― サイエンス社 ――――